너를 응원해

너를 응원해

© 생명의말씀사 2018

2011년 5월 5일 1판 1쇄 발행
2012년 1월 25일   2쇄 발행
2018년 9월 12일 2판 1쇄 발행
2023년 5월 2일   4쇄 발행

펴낸이 | 김창영
펴낸곳 | 생명의말씀사

등록 | 1962. 1. 10. No.300-1962-1
주소 | 서울시 종로구 경희궁1길 6 (03176)
전화 | 02)738-6555(본사) · 02)3159-7979(영업)
팩스 | 02)739-3824(본사) · 080-022-8585(영업)

지은이 | 오대식

기획편집 | 서정희, 서희연
디자인 | 박소정, 윤보람
인쇄 | 영진문원
제본 | 다온바인텍

ISBN 978-89-04-23020-4(03230)

저작권자의 허락없이 이 책의 일부 또는 전체를
무단 복제, 전재, 발췌하면 저작권법에 의해 처벌을 받습니다.

너를 응원해

꿈 많은 1318
그리고 청춘들을 향해
보내는 응원의 메시지

오대식 지음

생명의말씀사

추천사

늦은 저녁 아이들에게 SNS로 연락을 받을 때가 많습니다. 잠 못 이루는 밤을 보내다가 속 이야기를 꺼내 놓는 것이죠. 얼마 전, 한 고등학생 친구에게 메시지가 왔습니다.

"목사님… 저… 칭찬 한마디 좀 해줄 수 있으세요?"

요즘 공부 때문에 힘들고, 노력한 만큼 결과가 안 나오는 상황 속에서 마음이 지쳤나 봅니다. 그 친구에게 이렇게 말했습니다.

"넌 무엇보다 가치 있는 사람이야!"
"넌 이미 충분해!"
"정말요? ㅠㅠ 감사합니다 ㅠㅠ"
"사실… 지금 너무 힘들어요… 바쁘기도 하고… "

"언제든 연락해, 난 ○○를 언제나 응원하니까…"

(또 다른 한 친구에게서 연락이 옵니다.)

"저… 고민 고민하다가 연락드려요."
"진작 연락하지 그랬니?"
"말씀드리고 싶었는데, 짐이 될까 봐 죄송해서… 이제야 연락드렸어요…"
"아냐 잘했어! 지금이라도 말해줘서 고마워!"
"너무 답답한데… 쌤은 들어주실 것 같았어요."

고3 수능 이후, 지금까지 15년 이상을 의도치 않았지만, 청소년들을 만나고 함께하는 삶을 살아가면서 조금이나마 깨닫는 것이 있습니다. 누군가를 살릴 수 있는 강력한 힘은 화려한 수백 마디의 말이 아니라, 진심 어린 한 마디의 격려와 응원에서 시작된다는 것입니다. 들어주는 한 사람만 있어도, 옆에 있어주는 한 사람만 있어도 사람은 죽지 않고 그 힘든 현실을 버텨낼 수 있다는 것을 삶으로 배웠습니다.

이 책 『너를 응원해』는 두 자녀를 둔 아버지의 진심 어린 사랑을 담고 있습니다. 아울러 이 땅을 살아가는 청소년들에게 꼭 전해주고픈 인생의 비밀을 고스란히 모았습니다. 이 책은 저자가 다음세대를 사랑하기 때문에 쓴 책입니다. 사랑하기 때문에…

"이것만은 꼭 알아줬으면 해!"
"이것은 꼭 기억해줬으면 해!"

꼰대(?)라 치부되는 기성세대의 잔소리가 절대 아닙니다. 아비 된 마음으로 꼭 말해주고 싶은 진정한 삶의 원리를 아름다운 편지로 엮었습니다. 그래서 나도 모르게 잡은 이 책을 중간에 멈추지도 못하고, 다 읽고 나서야 겨우 덮을 수 있었습니다.

"너를 응원해!"

내 자녀, 내가 맡은 아이들, 우리 주변의 소중한 다음세대들에게 이 아름다운 응원의 편지가 널리 전해지면 좋겠습니다.

학교에 교회를 세워가는 사람(STAND)
나도움 목사

추천사

청소년 때 좋은 책 한 권을 읽을 수 있다면, 그 청소년이 그 책을 읽으며 감동하고 감격할 수 있다면, 그 청소년의 인생은 절대로 빗나가지 않고 잘못되지 않을 것이다. 잘못되지 않는 것이 아니라 훌륭한 인물로 건강하게 성장할 수 있을 것이다.

그런데 문제는 청소년 때 그런 마음으로 책을 읽기가 쉽지 않고 더 큰 문제는 그런 책이 생각 외로 많지 않다는 것이다. 좋은 책이 없어서가 아니라 좋은 책은 많으나 청소년에게 맞는 책을 찾기가 쉽지 않기 때문이다.

오대식 목사님의 설교와 글은 군더더기가 없다. 논리가 정연하면서도 깨끗한 감동이 있다. 그리고 어렵지 않다. 그래서 어른들뿐 아니라 청년들 그리고 청소년들에게도 똑같은 은혜와 감동을 전달하는 힘을 가지고 있다. 생명의말씀사에서 청소년들을 위한 좋은 책 출판을 욕심내면서 오대식 목사님과 함께 책을 기획한 것은 참으로 현명했다고 나는 생각한다.

오 목사님에게는 딸 둘이 있다. 누구나 다 자식을 사랑하지만 오 목사님은 특히 더 그런 것 같다. 사랑하는 두 딸에게 이야기해주는 심정으로 책을 썼다고 나에게 이야기해주었다. 가장 중요하고 예민한 청소년기에 인생을 바꿀 만한 영향력을 가진 좋은 책이라고 확신하여 추천한다.

피피엘 이사장
김동호 목사

추천사

 청소년 시기에 가장 필요한 것은 삶의 기준을 찾는 것이다. 아마도 청소년기에 오는 여러 변화와 도전 속에서 자신의 삶을 투자해야 할 진리를 찾는 이유도 거기에 있을 것이다. 그러나 이 세상의 기준과 하나님께서 우리에게 원하시는 기준에는 많은 차이가 있다. 그간 청소년사역을 해오면서 조금 더 확실하고 쉽게 하나님께서 허락하신 기준에 대하여 고민하고 있었다.

 오대식 목사님께서 큰 선물을 주셨다. 많이 고민하는 청소년들에게 확실하고, 또 쉽게, 아빠가 자녀에게 말씀하시듯 하나님께서 원하시는 기준을 하나하나 짚어주셨다. 이 책을 읽으며 청소년들이 고민하던 진리에 대하여, 그리고 우리가 어떻게 살아가야 할지에 대하여 많은 해결책이 나오길 바란다.

오대식 목사님은 내가 가장 존경하고 사랑하는 목사님 중 한 분이다. 청소년들을 사랑하시고 또한 청소년 사역을 하는 후배 목회자들에게 많은 용기를 주시는 목사님이다.

그래서 아마 이 글은 목사님께서 머리가 아닌 가슴으로 쓰셨을 것이다. 가슴으로 쓰신 글은 가슴으로 읽어야 한다. 한 줄, 한 줄 읽다 보면 목사님의 마음을 느끼게 될 것이다. 그리고 가슴이 따뜻해져 올 것이다.

브리지임팩트사역원 공동대표
홍민기 목사

프롤로그

싸움을 부추기고 싶다

 중학생인 우리 집 둘째 아이는 학원에 다닌다. 일주일에 한 번 오후 6시에서 밤 10시까지, 학원이 많기로 소문난 서울 중계동의 학원가로 행차(?)하신다. 그런데 배우는 것은 영어나 수학이 아니라 만화다.

 한번은 아이를 데려오기 위해 중계동 학원가에 차를 가지고 갔다가 혼이 났다. 여기저기 길가에 주차되어 있는 수많은 학원 버스와 아이들을 데리러 나온 부모님의 차가 서로 엉켜 차를 세워둘 곳을 도저히 찾을 수가 없었기 때문이다.
 겨우 뒷골목 한쪽 구석에 차를 세우고는 차창 밖으로 뛰어다니는 학생들을 보며 덜컥 걱정이 되었다.

 교복을 입은 채, 밤 10시까지 학원에서 공부하고 귀가하기 위해 학원 문을 우르르 나오는 아이들을 보면서 이곳 어느 만화학원 교실 한쪽 구석에서 자기 또래들이 어떻게 공부하는 줄도 모르고 그저 행복하게 만화를 그리고 있을 딸을 생각하니 겁이 났다.

 솔직히 걱정은 된다. 아무리 공부가 아무것도 아니라며 스스로 마음을 다스려도 그토록 많은 학생들이 밤 10시에 학원에서 쏟아져 나오는 모습을 보면, 그 시간 집에서 잠을 자거나 TV를 보거나 아니면 만화책을 보는 우리 아이들과 비교되어 부모 된 내 마음도 편치 못한 것이 사실이다.

 그러나 그것은 나와 우리 아이가 장래에 조금 손해를 보면 되는 것, 내가 정말 걱정했던 것은 저렇게 공부하기 위해 잠도 자지 않고 집에도 가지 못하고 뛰어다니는 아이들의 얼굴에 행복한 기색이 전혀 보이지 않는다는 것이었다.

 '밤늦게까지 공부를 하는데 과연 아이들은 장래의 목표를 향해 성취감을 느끼며 나아가고 있는 것일까? 정말 아이들은 행복한 삶이 무엇인지 알고 있을까? 경쟁에 익숙한 아이들이 함께 살아가는 법은 배우고 있을까?'

순간적으로 많은 생각이 스쳐갔다. 그러면서 세상에서 제일 행복하게 살고 있는 우리 집 두 아이가 오히려 고맙게 느껴졌다.

KAIST 학생들이 자살했다는 이야기를 듣곤 한다. 2011년과 이듬해 학생 5명의 잇따른 자살 사태로 카이스트(KAIST)는 학업부담을 줄이고 치료 상담기능을 확대하는 등 다양한 프로그램을 도입해 운영했다. 그럼에도 2014년 2명, 2015년 2명에 이어 스스로 목숨을 끊는 학생이 계속 발생했다.

또한 미국 명문 코넬대학교(Cornell University) 캠퍼스 안에 계곡을 가로지르는 다리가 세 개 있는데 학생들이 너무 많이 자살을 하여 자살방지 펜스 공사를 한 적이 있을 정도다.

카이스트, 코넬대학이 어떤 곳인가? 모든 청소년이 들어가서 공부하고 싶어 하는 학교 아닌가! 그래서 자부심을 갖고 자랑하며 다닐 만한 학교 아닌가! 그런데 많은 학생이 그 학교에 들어가기 위해 밤잠을 자지 않고 공부하여 입학했음에도 불구하고 행복을 느끼지 못한다. 삶의 목적과 그 목적을 이루기 위한 오늘의 삶이 다르기 때문이다.

사람들은 행복한 삶을 살기 위해 지금은 고통을 감수해야 한다고 한다. 남들과 함께 잘 살기 위해 지금 경쟁에서 이겨야 한다고 한다. 그러나 그것은 잘못된 가르침이다. 행복한 삶을 살기 위해서는 지금 행복해야 되고, 함께 사는 사회를 만들려면 지금 경쟁하면 안 된다.

경쟁은 오직 자기 자신과 해야 한다. 우리 아이들이 고통을 이겨가며 공부해도, 그리고 남들과의 경쟁에서 이겨 소위 성공한 어른이 되어도 결코 행복한 삶을 누리지 못하는 이유가 거기에 있다. 방법이 다르면 결코 목적을 이룰 수 없기 때문이다.

성공하는 삶을 위해 교훈을 주는 책은 많다. 그러나 이 책은 다르다. 성공 자체를 다르게 생각하기 때문이다. 아니, 지금껏 다르게 생각했던 성공을 바로 보도록 했다. 그리고 성공적인 삶의 원리와 원리에 따른 방법을 제시하고 있다.

조금은 비상식적이고 비합리적이며 비과학적이라 생각될지 모르지만 그렇지 않다. 이 원리와 방법이야말로 가장 정확한 성공의 지름길이다. 나는 내가 그렇게 싸워왔고, 나의 큰딸에게 그렇게 적용했으며, 둘째도 그렇게 키워왔다.

싸움을 부추기고 싶다. 우리 아이들이 세상의 가치관과 싸우도록 싸움을 부추기고 싶다. 어른들이 만들어 놓은, 성공을 가름하고 사람을 판단하는 이상한 기준을 바꿔 나가도록 싸움을 부추기고 싶다.

당장은 불이익을 당하는 것 같고 뒤처지는 것 같아도, 인생은 세상의 기준으로 판가름 나는 것이 아니라는 것을 고집스럽게 붙들고 살라고 권하고 싶다. 정말 행복한 삶을 살기 위해, 정말 성공하기 위해 무엇을 잡고 살아야 하는지 알리고 싶다.

하루는 우리 집 큰아이가 학교에 다녀온 뒤 엄마에게 이렇게 말했다.

"내 친구들이 엄마아빠가 정말 좋은 부모님이라고 말했어요."

이유는 간단했다. 친구들이 이렇게 말했다고 한다.

"우리 부모님에 비해서 너희 부모님은 학교 성적을 가지고 스트레스를 주지 않는 것 같아."

친구들은 그만큼 집에서 성적 때문에 시달렸다는 것이다.

그러면서 큰아이가 엄마에게 말했다.

"평생 성적 때문에 야단치지 않은 것, 정말 감사해요."

우리가 갖고 있는 이 고집이 자녀를 행복하게 만들어주고 있는 것 같아 보람을 느꼈다.

믿음으로 살기 위해 세상적으로 많은 손해를 보는 큰딸, 새벽 2시까지 열심히 만화를 그리는 작은딸, 세상의 가치관과 타협하지 말라고 기도하는 아이들의 엄마에게 한없는 고마움을 느낀다. 그리고 같은 생각으로 이 세상이 조금씩 변화되기를 바라는 생명의말씀사 편집부 모두에게 깊은 감사를 드린다.

높은뜻덕소교회
오대식 목사

contents

추천사 · 4
프롤로그 · 12
에필로그 · 180

1 원리 세상을 살아가는 원리 · 20
"나는 잘살고 있는 걸까?"
너의 인생을 전문가에게 맡겨라

2 창조 내 인생, 어떻게 창조될까 · 46
"모든 게 엉망진창이야"
혼돈의 삶에서 질서의 삶으로

3 가치 나의 가치, 어떻게 정해지는가 · 70
"보는 눈 하고는…"
가장 소중한 가치를 잡아라

4 성공 — 진정한 성공, 찾았는가 · 90
"죽도록 공부해서 성공해야지!"
너를 향한 하나님의 인생 계획을 신뢰하라

5 실패 — 실패, 두렵지 않다 · 116
"난, 이제 끝이야! 어떡하면 좋지?"
실패도 하나님께서 책임지신다

6 내비게이션 — 인생의 내비게이션을 따르라 · 136
"도대체 왜 이런 일들이 생기는 거야!"
인생의 항해에도 내비게이션이 필요하다

7 올인 — 내가 올인해야 할 것 · 156
"내가 뭘 할 수 있겠어…"
노력하라, 그리고 은혜를 구하라!

"나는 잘살고 있는 걸까?"
너의 인생을 전문가에게 맡겨라

1
Principle

세상을 살아가는
원리

Principle

너의 인생을 전문가에게 맡겨라

/

무엇이든지 물건을 만든 사람이
그것을 제일 잘 다루며
고장이 났을 때도 제일 잘 고칠 수 있다.
사람도 저절로 생긴 것이 아니다.
우리는 하나님께서 만드신 피조물이다.
하나님께서 만드셨기에
하나님이 제일 잘 다루실 수 있다.

"나는 잘 살고 있는 걸까?"

라면 맛있게 끓이기

나는 라면을 좋아한다. 청소년 때 하루 한 끼는 라면을 먹었던 것 같다. 아니, 한 끼 정도가 아니라 학교에서 돌아오면 으레 간식으로 먹었던 기억이 난다. 나뿐 아니라 아마 대한민국 대부분의 학생들이 라면을 좋아하리라 생각한다.

2010년 겨울, 케냐 나이로비에 가서 청소년 집회를 했다. 여러 가지 PPT 자료를 가지고 가서 영상을 보여주며 설교하였는데 그중 아이들이 가장 좋아한 사진은 라면 사진이었다. 좋아하는 차원이 아닌, 거의 먹고 싶어서 뒤로 넘어가는 수준이었다.

라면을 맛있게 끓이는 방법이 있다. 적당한 양의 물을 넣고, 적당한 불의 세기와 적당한 시간을 맞춰야 한다. 그런데 그 '적당한'이라는 것이 매우 어렵다. 물이 좀 부족하면 간이 짜게 되고, 물이 많으면 싱거워지기 때문이다.

학생 시절, 내가 혼자 라면을 끓여 먹을 수 있는 나이가 되었을 때, 번번이 간을 맞추는 데 실패하자 어머니께서는 간을 맞추는 방법을 알려주셨다. 짜면 물을 더 넣으면 되지만 싱거울 때는 단순히 물을 덜어낸다고 해결되는 게 아니었다.

물을 버리면 물속에 녹아 있는 스프까지 버리게 되어 라면 전체가 맛이 없어지기 때문이다. 그렇다고 뚜껑을 열어 놓고 국물이 졸아들 때까지 끓이면 면발이 불어서 맛이 없다.

그럴 때 어머니께서는 항상 계란을 하나 풀어 넣으셨다. 계란을 넣으면 계란이 물을 흡수해서 간이 어느 정도 맞게 된다는 것이다. 이렇듯 라면 하나를 끓여 먹는 데도 원리가 있다. 원리대로 끓이면 실패하지 않는다.

● 라면 한 그릇도 제맛을 내는 원리가 있다.

우리가 어떤 일을 하는 데 있어서 그 일을 풀어가는 방법을 아는 것은 매우 중요하다. 그리고 그 방법은 원리에 의해 좌우된다.

일을 할 때 원리를 알고 하는 것과 원리를 모르고 하는 것에는 큰 차이가 있다. 일의 성공과 실패에 직접적인 영향을 주기 때문이다.

사람들이 젊을 때 공부를 하고 기술을 배우는 것은 삶의 원리를 알기 위해서다. 그 원리를 더 많이, 더 정확히 알기 위해 더 배우고 더 좋은 선생님을 찾아가는 것이다.

그러므로 방법을 찾는 것은 어렵지 않다. 원리를 알게 되면 그에 따른 방법은 자동적으로 알게 되기 때문이다. 방법은 특별한 것이 아니라 '원리대로 살아가는 것' 그 자체이다.

후회 없는 삶을 위하여

우리 인생에도 원리가 있다. 이 원리를 알고 사는 사람과 원리를 무시하고 살아가는 사람의 삶은 다르다. 라면을 끓일 때는 원리를 알지 못하여 조리에 실패한다 하더라도 맛없는 라면을 먹든지, 아니면 아예 버리고 다시 끓이면 그만이다.

그러나 인생은 다르다. 우리가 사는 인생은 다시 살 수 있는 것이 아니요, 결코 되돌릴 수 있는 것도 아니기 때문이다. 한 번 지나가면 다시 오지 않는 소중한 인생이기에 반드시 후회 없는, 보람된 삶을 살아야 한다.

삼국지(三國志)에서 촉(蜀)나라의 제갈공명(諸葛孔明)이 위(魏)나라 사마의(司馬懿)와 싸울 때 제갈공명이 사마의를 호로곡이라는 계곡으로 유인했다.

이 싸움은 두 나라에게 있어서 승리만 하면 삼국을 통일할 수 있는 매우 중요한 전쟁이었다. 그래서 더더욱 신중해야 함은 물론 반드시 이겨야 했다.

사마의의 부하들이 사마의에게 제갈공명이 계곡에 군사를 매복해두었을 것이 분명하니 계곡으로 가지 말라고 충언한다.

하지만 사마의는 "우리가 그렇게 생각할 것을 짐작하여 다른 길을 선택할 것이다. 아마 군사를 다른 길에 매복시키고 이 계곡에는 매복시키지 않았을 것이다."라고 말하며 그대로 계곡으로 갔다.

그러나 사마의의 추측은 빗나갔고, 제갈공명은 계곡 위에 매복하여 바위를 굴리고 화공(火攻)으로써 사마의의 군대를 몰살시킬 수 있는 절호의 기회를 잡았다. 계곡은 삽시간에 불바다가 되었고 사마의와 위나라의 군사들은 독 안에 든 쥐처럼 죽음의 위기를 맞게 되었다.

이제 전쟁을 이기고 그렇게도 꿈꾸던 삼국을 통일할 수 있게 된 순간, 다 이긴 것이나 다름없는 그 순간에 갑자기 하늘에서 천둥이 치더니 큰 소나기가 내리기 시작했다. 그 비로 인해 계곡에 붙었던 불이 삽시간에 꺼졌다. 결국 사마의가 도망쳐 놓치게 되었다. 그때 제갈공명이 유명한 말을 남겼다.

"謀事在人成事在天!"(모사재인성사재천)

"사람이 계획해도 그 일을 이루는 것은 하늘이구나!"

● 영화 "적벽대전"에서 제갈공명 역으로 나온 배우 가네시로 다케시(金城武)

제갈공명이 깨달은 것은 하늘에서 소나기가 내려 다 이긴 전쟁을 놓쳤다는 것이 아니다. 그가 말하고 있는 것은 다름 아닌 삶의 원리다. 사람이 아무리 노력한다 해도 안 되는 것이 있다는 삶의 원리를 말하고 있는 것이다.

당시 세상의 모든 지식을 공부했다는 천하의 제갈공명도 전쟁을 통해 수만의 군사를 잃은 후에야 그 진리를 깨닫게 되었다. 그런데 제갈공명이 나이 쉰을 넘어 알게 된 중요한 삶의 원리를, 성경은 이미 오래전부터 우리에게 알려주고 있다.

> 사람이 마음으로 자기의 길을 계획할지라도 그의 걸음을 인도하시는 이는 여호와시니라(잠 16:9).

원리를 알면 방법을 알 수 있다고 했다. 그렇다면 그 방법은 무엇인가? 성경은 우리에게 그 원리에 따른 방법도 알려주고 있다.

> 너의 행사를 여호와께 맡기라 그리하면 네가 경영하는 것이 이루어지리라(잠 16:3).

즉 원리는 "우리의 삶을 인도하시는 분은 하나님이시다."이고 그 원리에 따른 방법은 "그러므로 우리의 삶을 하나님께 맡겨야 한다."는 것이다. 우리가 우리의 삶을 하나님께 맡기면 하나님께서는 반드시 우리의 삶을 인도해주시기 때문이다.

누구 손에 맡길까?

1926년 미국 디트로이트 근방의 고속도로에 T-포드 자동차

한 대가 고장으로 서 있었다. 디트로이트 시내에 있던 어느 자동차 정비소에서 고장차량을 정비한 후에 정비사가 시험운전을 하려고 고속도로에 나왔다가 그만 다시 고장이 난 것이었다.

다시 고치려고 애를 써 보았지만 쉽게 고쳐지질 않았다. 젊은 정비사는 자동차가 왜 움직이지 않는지 도저히 알 수 없었다. 한참을 자동차와 씨름하고 있는데 갑자기 멀리서 자동차 한 대가 다가오더니 그 앞에 섰다. 그리고 뒷좌석에서 멋진 노신사가 내렸다.

노신사는 젊은 정비사에게 다가와서 차가 고장난 것 같으니 도와주겠다고 했다. 젊은 정비사는 기가 막혔다. 자신이 디트로이트에서 유명한 정비사인데, 전문가도 고치지 못하는 차를 어떻게 노인이 고칠 수 있단 말인가? 젊은 정비사는 노신사에게 말했다.

"말씀은 고맙지만 제가 정비사입니다. 저도 고치기 힘든데 선생님이 어떻게 고치시겠습니까? 양복만 더러워질 테니 그냥 가시지요."

노신사가 말했다.

"하지만 나도 차를 좀 아는 편이니 한번 보리다."

그러더니 차 밑으로 들어가서 이리저리 보고는 무엇엔가 손을 대더니 이렇게 말했다.

"이제 시동을 걸어보시오."

젊은 정비사는 못마땅한 표정으로 있다가 속는 셈 치고 차에 타 시동을 걸었다. 그런데 이게 웬일인가?

"부릉 부릉…."

차가 고쳐진 것이다. 그것도 아주 간단하게 말이다. 젊은 정비사가 놀라서 정신없이 노신사를 보고 있을 때 노신사가 정비사에게 명함을 건네며 말했다.

"또 고장이 나면 연락해요. 내가 고쳐줄 테니…."

젊은 정비사는 마치 무언가에 홀린 듯 노신사가 탄 자동차가 멀어질 때까지 멍하니 보고 있다가 잠시 후 명함을 들여다보았다.

'헨리 포드, 포드자동차 사장.'

그랬다. 그 노신사는 바로 그 유명한 T-포드 자동차를 만든 사람이었던 것이다.

무엇이든지 물건을 만든 사람이 그것을 제일 잘 다루며 고장이 났을 때도 제일 잘 고칠 수 있다. 사람도 저절로 생긴 것이 아

● 포드가 직접 설계하여 만든 차로 1908년 세상에 첫 선을 보인 후로 인기가 폭발. 1914년에는 세계 최초로 컨베이어벨트를 도입하여 93분에 한 대가 생산되었고, 1925년에는 10분에 한 대가 생산되었다. 포드회사는 이 차로 세계 제일의 자동차회사가 된다.

니다. 우리는 하나님께서 만드신 피조물이다. 하나님께서 만드셨기에 하나님이 제일 잘 다루실 수 있고 고장이 났을 때도 제일 잘 고치실 수 있다. 즉 하나님의 손에 있을 때 우리는 완벽한 기능을 발휘할 수 있는 것이다.

3천 유로짜리 바이올린

유럽 오스트리아의 어느 조그마한 시골 마을에 장이 열렸다. 유럽 사람들에게는 집에서 쓰던 물건 중 필요 없는 물건들은 싼 값에 팔거나 서로 바꾸어 쓰는 문화가 있다.

그런 거래들은 주로 장터에서 이루어지고 물건 값은 경매로 정해지기 때문에 진행자의 실력에 따라 때로 높은 가격을 받기도 한다.

경매를 진행하던 사회자가 다음 물건을 팔기 위해 먼지가 많이 쌓인 상자를 하나 열었다. 거기에는 낡고 볼품없는 바이올린이 들어 있었다. 진행자는 먼지투성이 바이올린을 꺼내들고 장터에 모여든 사람들에게 보이며 경매를 시작했다.

"바이올린이 나왔습니다. 사실 분 계십니까?"

"괜찮아 보이는데, 내가 1유로 내겠소!"

"나는 2유로 내겠소!"
"3유로요!"
"…."

• 모든 악기는 누가 연주하느냐에 따라 그 가치가 달라진다.

3유로 이상 올라가지 않고 있는데 군중 뒤편에서 한 노인이 손을 들더니 진행자에게 이렇게 말했다.
"진행자 양반! 내가 한번 물건을 봐도 괜찮겠소?"
"예, 나와서 보시지요."
할아버지는 군중 앞으로 나와 자신의 옷소매로 바이올린의 먼지를 닦더니 진행자에게 재차 물었다.
"내가 연주를 해봐도 좋겠소?"
"예, 물론이지요. 할아버지."
진행자로부터 허락을 받은 할아버지는 줄을 튜닝한 후 연주를 시작했다. 사람들은 할아버지가 연주를 하면 얼마나 잘하겠나 싶어 기대도 하지 않고 있었다. 그런데 그 할아버지는 멘델스존의 바이올린 협주곡을 매우 아름답게 연주하는 것이었다. 모두들 놀랐고 길을 가던 사람들조차 처음 들어보는 훌륭한 연주 소리에 감탄하며 경매장으로 몰려들었다. 이윽고 연주를 다 마친 할아버지는 진행자에게 이렇게 말했다.

"아직 쓸 만한 물건이군요. 계속 경매를 진행해보세요."

놀란 진행자가 다시 바이올린을 들고 군중에게 물었다.

"아까 3유로까지 나왔습니다. 더 높은 가격으로 사실 분 없습니까?"

그때 뒤에서 한 남자가 손을 들고 큰 소리로 외쳤다.

"내가 사겠소. 천 유로요!"

그때 또 다른 사람이 손을 들었다.

"나는 2천 유로 내겠소!"

그러자 또 다른 사람이 이렇게 소리를 질렀다.

"그 정도 소리를 내는 바이올린이라면 나는 기꺼이 3천 유로를 내겠소!"

결국 그 낡은 바이올린은 그날 3천 유로에 팔렸다.

이 광경을 아버지와 함께 처음부터 지켜본 한 꼬마가 돌아와 이렇게 물었다.

"아빠, 참 이상해요. 처음에는 3유로였는데 왜 갑자기 3천 유로가 됐어요?"

그러자 아빠는 꼬마에게 이렇게 대답했다.

"악기는 누가 연주하느냐에 따라 그 가치가 달라지기 때문이란다."

바른 원리는 바른 방법을 낳는다. 인생에는 사람의 힘으로 할 수 있는 일이 있고 사람이 할 수 없는 일이 있다. 그러므로 사람이 할 수 없는 일을 할 수 있는 분께 맡기는 것은 매우 지혜로운 일이 아닐 수 없다.

할 수 있는 일에 최선을 다하고, 할 수 없는 일에는 능히 하실 수 있는 하나님께 모든 것을 맡길 때 우리는 반드시 멋진 삶을 살 수 있게 된다.

You Raise Me Up

미국에서 가장 존경받는 인물을 꼽으라고 하면 대부분 워싱턴, 링컨, 케네디 대통령 등을 떠올릴 것이다. 그러나 미국 사람들이 정말 존경하는 인물은 흑인인 조지 워싱턴 카버(George Washington

• 하나님의 손에 있을 때 우리는 완벽한 기능을 발휘할 수 있다.

Carver, 1864~1943) 박사이다.

카버 박사는 일명 땅콩 박사로 유명한데, 농학박사로 평생 땅콩을 연구한 인물이다. 그는 땅콩으로 마가린, 비누, 사탕, 화장품,

● 땅콩박사라 불린 워싱턴 카버 박사. 그는 땅콩이 많이 재배되었지만 처리할 방법이 문제가 되자 땅콩버터, 인조고기, 빵, 땅콩우유, 음료 등을 발명했다. 1941년 「타임」지에서 조지 워싱턴 카버를 검은 레오나르도 다빈치라고 했다.

구두약, 연고 등 140여 가지의 제품을 개발하여 특허를 받았다.

그는 특허를 통해 자기 자신의 부를 쌓지 않고 땅콩 농장에서 일하는 농민들이 모두 사용할 수 있도록 허락했다. 그래서 미국 남부의 경제가 가장 어려웠던 시기에 미국이 다시 회생할 수 있도록 큰 공을 세웠다. 오랜 목화 재배로 척박해진 미국 남부의 농토에 땅콩 심기를 보급하여 가난한 농민들이 회생할 수 있도록 도움을 주었던 것이다.

카버 박사는 흑인으로, 미국 미주리 주에서 여자 노예였던 메리의 아들로 태어났다. 그 결과 처음부터 자유롭지 못한 노예의

신분으로 인생을 시작하게 되었다. 그가 태어난 시대는 미국의 남북전쟁으로 인해 폭력이 난무했던 시기였다.

특히 미주리 주는 노예제도를 반대했던 캔자스 주와 노예제도를 찬성했던 아칸소 주 사이에 있기 때문에 노예상인의 살생과 약탈이 빈번히 일어났던 곳이었다. 이런 지역에서 어린 조지는 어머니와 함께 납치를 당하기도 하고 주인이 몇 차례 바뀌면서 양부모의 돌봄을 받으며 불안한 유년기를 보내야 했다.

노예의 아들로 태어나 그것도 강보에 쌓인 채 어머니와 노예시장에서 물건처럼 경매에 붙여져야 했던 조지. 그는 당시 백인들에게는 하나의 생명을 가진 인간이라기보다는 물건에 지나지 않는 흑인에 불과했다.

게다가 어려서는 너무 병약하여 할 수 있는 일이 하나도 없었다. 그런 그에게 노예를 아끼고 인격적인 대우를 해주었던 사람이 있다. 바로 주인 모세스 카버였는데, 그는 어린 조지에게 자신의 이름을 붙여주며 늘 이런 말을 해주었다.

"하나님은 우리에게 한 가지씩 능력을 주셨단다. 조지 너도 마찬가지지. 지금은 농사일을 할 수 없을 만큼 병약하고 힘이 없지만 언젠가는 너도 건강해지면 큰 힘이 생길 것이란다.

그리고 농사일이 아니더라도 할 수 있는 일이 많단다. 그것을 찾아보렴. 무엇이든지 두드리면 열린다고 하나님께서 말씀하셨지!"

조지는 용기를 갖고 하나님께 기도하며 자신의 일에 최선을 다했다. 어려서부터 주인집 정원을 돌보며 자랐던 조지는 화초를 키우면서 병충해가 나지 않도록 하는 일에 관심을 가졌다.

그는 자라면서 정원을 돌보거나 농사를 돕는 일에도 최선을 다했다. 결국 그는 주인과 주변 사람들의 도움을 받아 29세라는 매우 늦은 나이에 꿈에 그리던 심프슨 대학교(Simpson college)에 입학해서 미술과 음악을 공부했다.

그러나 그것은 그가 하고 싶은 공부였지 재능은 다른 쪽에 있었다. 그의 학문적 능력을 지켜보던 교수들은 재능을 발견하여 조지를 아이오와 농과대학으로 옮겨 농학을 공부하도록 도왔다.

여기에서 그의 인생이 크게 바뀌게 된다. 특별히 식물에 대해 관심을 많이 가졌던 조지는 식물을 계속 연구했다. 결국 그는 땅콩에 관한 전문가가 되어 미국 경제를 일으키는 원동력을 제공하는 인물이 된 것이다.

그는 대학을 졸업한 후 미국 앨라배마 주에 있는 흑인들을 위해 세워진 학교인 터스키기 대학교(Tuskegee University)의 연구원으로 발탁되었다.

그렇게 연구원 생활부터 시작하여 47년간 그곳 학교의 교수로 재직하면서 평생 땅콩을 연구하였으며, 전 재산을 출연하여 조지 워싱턴 카버 재단을 설립했다.

카버 재단은 지금도 농업, 생명, 식량, 환경 분야에 탁월한 업적을 남긴 인물을 해마다 한 사람씩 선발해 카버 상을 수여하는데 이 상은 농업분야의 노벨상이라고 불린다.

그는 1990년, 미국발명가명예의전당(NIHF)에 이름을 올리게 되었고 영국왕립예술협회(RSA)에 흑인으로는 처음으로 식물 균류학자 회원으로 등록이 되었다.

그러나 카버 박사가 처음부터 땅콩 전문가였던 것은 아니다. 그는 그저 땅콩 재배에 힘썼을 뿐인데, 어느 날 자신이 권해서 땅콩 농사를 짓던 농민들이 찾아왔다. 땅콩이 너무 많이 생산돼 땅콩의 판로가 막막해지자 카버 박사에게 집단으로 찾아와 항의한 것이다.

곤경에 처한 카버 박사는 괴로운 나머지 땅콩을 한 움큼 쥐고는 하나님께 질문했다.

"하나님, 도대체 이 세상은 왜 만드셨나요?"

그때 카버 박사에게 하나님의 음성이 들리는 것 같았다.

'그건 네가 할 질문이 아니다. 너와 어울리는 질문을 하거라.'
"그럼 이 골치 아픈 사람들은 왜 만드셨습니까?"
'그것도 너에게 맞는 질문은 아닌 것 같구나.'
"그럼 이 땅콩은 왜 만드셨습니까?"
'그래, 이제야 너와 잘 어울리는 질문을 하는구나. 이제 그 땅콩을 가지고 연구실로 들어가 연구해보거라. 그러면 내가 땅콩을 왜 만들었는지 알게 될 것이다.'

카버 박사는 그날 하나님과의 대화(기도)가 자신이 땅콩을 더 적극적으로 연구하게 된 동기가 되었다고 말했다.

조지 워싱턴 카버 박사는 단순히 인간승리의 모델이 아니다. 어려운 역경을 딛고 노력하여 훌륭한 인물이 된 사람은 카버 박사 말고도 얼마든지 있다. 그러나 우리가 카버 박사에게서 배워야 할 점은 하나님께서 나에게 주신 재능을 발견하는 과정이다.

자신의 재능을 발견하는 여정에 있어서 좌절하지 않고 포기하지 않으며 하나님께 기도하면서 겸손히 그분의 인도하심을 따랐던 것이다. 하나님이 자기에게 주신 재능이 있음을 믿고 그 재능을 찾으려 노력했던 것이다.

하나님은 우리 한 사람 한 사람에게 재능을 주셨다. 그런데 우리는 그것을 모르고 놓칠 때가 많다. 하나님이 나에게 주신 재능을 찾고 잘 살리는 일이 성공적인 삶을 살아가는 일일 텐데 그것을 알기 위해서는 제일 먼저 언제나 하나님을 신뢰하는 것이 중요하다.

하나님은 우리에게 재능을 주시고 그 재능을 알려주신다. 또한 그 재능으로 인생을 살아갈 수 있도록 인도해주신다. 하나님이 주신 재능을 알고 그 일에 매진하면 하나님은 우리가 할 수 없는 일까지도 풀어주신다.

물론 세상 사람들도 어느 정도 자신의 삶에 최선을 다하면서 자기에게 찾아오는 몇 번 안 되는 기회가 주어졌을 때 최선을 다해 노력하면 자신의 삶을 얼마든지 변화시킬 수 있다.

이처럼 믿지 않는 사람들도 열심히 노력하면 자신의 삶을 바꿔나갈 수 있는데 하물며 우리 하나님께서 못하시겠는가!

조지 워싱턴 카버 박사가 성공적인 삶을 살았던 남성이라면 그에 못지않은 여성도 있다. 바로 흑인 가수 마리안 앤더슨(Marian Anderson, 1897~1993)이다.

1965년 4월 18일 뉴욕의 카네기 홀, 세기의 오페라 가수 마리안 앤더슨의 은퇴공연이 있었다. 그녀는 흑인 여성으로서 세계적으로 유명한 오페라 가수가 된 입지전적인 인물이었다. 카네기홀을 꽉 채운 3천여 명의 관중은 숨을 죽이고 오페라 가수의 마지막 노래를 들었다.

헨델, 하이든, 슈베르트, 바흐의 노래를 차례로 연주한 그녀는 관중들로부터 우레와 같은 박수를 받으며 앙코르 곡을 요청받았다. 그때 그녀는 평생의 연주생활을 마감하며 다음과 같은 감사의 말을 남겼다.

"지금의 나는 나의 노력으로 된 것이 아닙니다. 지금까지 나를 인도하신 분은 하나님이십니다."

그리고 그녀는 마지막 공식 무대에서 이 노래를 불렀다.

그 누가 나의 괴롬 알며 또 나의 슬픔 알까
주밖에 누가 알아주랴 영광 할렐루야

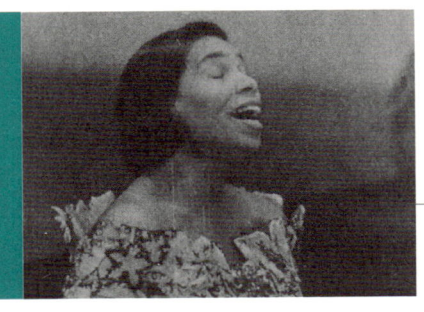

● 20세기 최고의 프리마돈나라는 찬사를 받은 마리아 앤더슨. 그녀는 흑인 여성으로 최고의 오페라 가수가 된다.

나 자주 넘어집니다 오 주여

나 자주 실패합니다 오 주여

그 누가 나의 괴롬 알며 또 나의 슬픔 알까

주밖에 누가 알아주랴 영광 할렐루야

(새찬송가 372장)

그녀는 1902년 미국의 필라델피아에서 태어났다. 어려서부터 노래를 잘 불렀고 노래를 좋아했지만 흑인인 그녀에게 노래를 가르쳐주는 학교는 없었다. 음악학교에 지망했지만 번번이 인종차별로 인해 입학을 거부당하며 배움의 기회를 전혀 얻지 못했다.

그런 그녀가 노래를 부르고 배울 수 있는 유일한 길은 교회의 성가대였다. 그녀는 목사님과 성가대원들의 배려로 성가대원으로 봉사하게 되었고 그곳에서 노래를 배우게 되었다.

그렇게 개인 레슨으로 공부한 그녀는 1925년 뉴욕 필하모니가 주최한 콩쿠르에서 우승하여 그해에 뉴욕 필하모니 오케스트라와 협연을 하게 되었다. 그것이 세상에 그녀의 이름을 알리게 된 첫 무대였다.

그리고 1930년 그녀의 나이 29세 때 유럽으로 늦깎이 유학을 떠나 그곳에서 오페라 가수로 데뷔하여 전 세계를 다니며 활발한 활동을 펼쳤다. 결국 많은 음악인들은 마리안 앤더슨을 20세기

1. 세상을 살아가는 원리

를 빛낸 최고의 오페라 가수로 꼽았다.

  삶을 살아가는 데는 원리가 있다. 이 원리를 알면 삶의 문제들을 풀어나가기 쉬운 반면, 이 원리를 모르고 살면 우리가 만나게 되는 크고 작은 일들을 풀어나갈 수 없다. 뿐만 아니라 푼다 해도 더 꼬이게 되는 어려움을 만나게 된다.

  삶에는 우리가 할 수 있는 영역과 할 수 없는 영역이 있다. 그런데 우리가 할 수 없는 영역의 문제들은 하나님을 의지할 때만 풀린다. 이것이 원리에 따른 방법이다.

> 사람이 마음으로 자기의 길을 계획할지라도 그의 걸음을 인도하시는 이는 여호와시니라(잠 16:9).

> 너의 행사를 여호와께 맡기라 그리하면 네가 경영하는 것이 이루어지리라(잠 16:3).

잘못 끓인 라면은 다시 끓이면 되지만
우리 인생은 그렇게 할 수 없다.

너를 응원해

"모든 게 엉망진창이야"
혼돈의 삶에서 질서의 삶으로

2
Creation

내 인생, 어떻게 창조 될까

Creation
혼돈의 삶에서 질서의 삶으로

카오스와 같은 우리 삶에 하나님의 말씀이신
예수 그리스도가 오시면 우리의 삶은 코스모스의 세계로
새롭게 창조된다. '예수님이 오신다고 우리의 삶이
그렇게까지 변화될 수 있을까?' 의문이 생기겠지만
예수님께는 너무도 강한 에너지가 있어
우리를 새롭게 변화시키기에 충분하다.

후천적(?) 문과생

초등학교에 다닐 때부터 나는 책을 좋아하게 되었다. 굳이 '책을 좋아하게 되었다.'라고 표현한 것은 그것이 전적으로, 후천적으로 만들어진 습관이기 때문이다.

내가 책을 가까이 접하게 된 것은 초등학교 4학년 때였다. 학년 초, 한 주에 한 번 있는 CA(특별활동)반을 선택하게 되었다. 당시 나는 사진을 배우고 싶은 마음에 사진반에 신청했는데 신청자가 너무 많아 가위바위보로 당락을 결정하게 되었다.

예나 지금이나 나는 가위바위보에 소질이 없어 보기 좋게 떨어졌다. 하는 수 없이 다음 선택으로 그림을 그리는 미술반에 신청했지만 역시 인원이 초과되어 또 떨어지고 말았다. 결국 신청자가 없던 문예반이라는 곳을, 무엇을 하는 반인지도 모르는 채 들어가게 되었다.

그런데 시간이 지나면서 문예반에 애정이 가기 시작했다. 문예반에서 하는 일은 늘 같았다. 책을 읽고 독후감을 쓰는 것, 또 교지를 만드는 일에 참여하는 것 등이었는데 이상하게도 그런 일들이 나와 잘 맞았던 것 같다.

그래서 결국 초등학교 4학년 때부터 고등학교 3학년 때까지 나는 한 번도 문예반을 벗어난 적이 없었다. 신청자가 늘 미달이었기에 해마다 남들보다 빨리 신청해야 하는 부담도 없었고, 가위바위보로 당락을 결정짓는 악몽도 없어서 좋았지만 해가 거듭될수록 내가 먼저, 스스로 문예반을 선택하게 되었다.

그만큼 나중에는 문예반에 대한 애착이 많아졌다. 대학에 들어가서도 학보사 편집장까지 했으니 나의 책 사랑, 활자 사랑은 나름 역사가 길다.

문예반 활동을 하다 보니 자연히 숫자나 계산에는 취미가 없어지고, 반대로 인문학 책이 좋아서 고등학교 때는 문과를 선택하게 되었다. 대학에 진학할 때도 신학을 선택하는 데 큰 갈등이 없었다.

인문학 공부를 주로 하는 신학은 내 적성에 맞아 공부가 참 재미있었다. 그래서 대학과 대학원에 다니는 동안에도 그리 어렵지 않게 공부할 수 있었다. 그 이유는 숙제가 주로 책을 읽고 요약하는 것이 대부분이었는데 그런 일을 하는 것에 매우 익숙했기 때문이었다.

교수님께서 책을 읽고 요약을 해오라고 하실 때도 나중에는 다 읽지 않고 머리말과 목차만 보고 숙제를 써내기도 했다. 물론 좋은 방법은 아니었지만 나름대로 책 읽는 요령을 알게 된 것이다.

성경에는 머리말이 없다?

책의 머리말과 목차는 중요하다. 그것을 잘 들여다보면, 그 책을 누가 썼고 왜 썼으며 어떻게 활용해야 하는지를 알 수 있다. 그래서 모든 책에는 머리말과 목차가 반드시 있다. 이 두 가지가 책에 관한 안내자 역할을 하기 때문이다.

그런데 성경에는 머리말이 없다. 목차는 있지만 아무리 찾아도 머리말은 보이지 않는다. 이상하지 않은가? 세계에서 가장 많이 팔린 책, 지금도 세계 모든 나라의 베스트셀러인 성경에 머리말이 없다는 게 말이다.

그런데 성경을 자세히 보면 머리말이 없지 않다는 것을 알 수 있다. 즉, 머리말은 없지만 머리말의 역할을 하는 것이 있다. 그것은 바로 창세기이다.

성경을 누가 썼고, 왜 썼으며, 어떻게 활용해야 하는지에 대하여 창세기가 잘 설명해주고 있다. 그리고 그 이유에 대해 창세기 1장은 더욱 잘 설명해주고 있다. 그래서 나는 창세기 1장이 성경 전체의 머리말이라고 생각한다.

창세기 1장을 보면 하나님이 이 세상을 창조하실 때의 모습이 나온다. 대부분의 사람들은 창세기의 내용을 보면서 자신과 관계가 없는, 옛날이야기라고 생각한다.

• 성경책에는 머리말이 없다.

그저 옛날에 하나님께서 세상을 창조하실 때의 이야기라고만 생각한다. 하나님을 믿지 않는 사람들은 하나의 설화로 여기기도 한다. 사람들이 지어낸 이야기라는 뜻이다.

어쨌든 하나님을 믿지 않는 사람이든 믿는 사람이든 창세기 1장은 오늘날의 나의 삶과는 아무런 관계가 없는, 고리타분한 옛날이야기라고 생각하는 것이 대부분이다.

그러나 창세기 1장을 성경의 머리말로 생각하면 조금 다르다. 머리말은 보다 중요한 정보를 주기 때문이다. 즉, 성경의 활용을 위한 가장 중요한 정보인 것이다. 사실 모든 성경은 우리에게 절대적으로 유익하다. 유익하지 않은 부분이 없다. 성경에서도 그것을 밝히고 있다.

> 모든 성경은 하나님의 감동으로 된 것으로 교훈과 책망과 바르게 함과 의로 교육하기에 유익하니 이는 하나님의 사람으로 온전하게 하며 모든 선한 일을 행할 능력을 갖추게 하려 함이라(딤후 3:16-17).

그러므로 창세기 1장은 우리와 상관없는 옛날이야기가 아니다. 머리말과 같은 가장 중요한 정보를 주고 있다. 성경이 왜 쓰였으며 우리 삶에 어떻게 적용할 것인가를 일러주는 중요한 설명이 있고 우리 삶에 대하여 그 길을 말해주는 가장 중요한 부분이다.

'카오스'와 '코스모스'

성경의 첫 장을 펴면 창조 당시에 대한 설명이 나온다.

태초에 하나님이 천지를 창조하시니라 땅이 혼돈하고 공허하며 흑암이 깊음 위에 있고 하나님의 영은 수면 위에 운행하시니라(창 1:1-2).

하나님께서 이 세상을 창조하시기 전, 이 땅은 혼돈과 공허의 상태였다고 말한다. 혼돈이라는 뜻은 헬라어로 '카오스'(chaos)다. 카오스라는 말은 뒤죽박죽인 상황, 엉망진창인 상황, 혼란스러운 상황, 불규칙적인 모습 등을 나타내는 단어다. 그야말로 이 세상

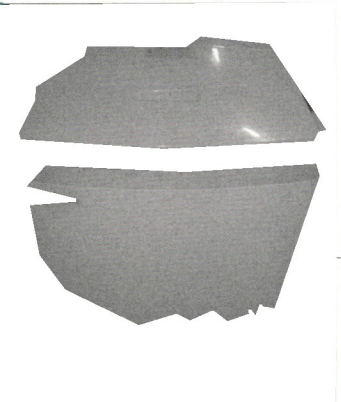

• 1993년 금성전자(현 LG전자)에서 개발해 선풍적인 인기를 끌었던 세탁기. 일정한 방향으로 세탁 봉이 돌던 이전의 세탁방식을 탈피해 불규칙적으로 봉이 돌게 하여 세탁력을 높인 세탁기다. 카오스 이론을 적용하여 카오스 세탁기라 명명했다.

이 창조되기 이전의 모습인 것이다.

불규칙하고 질서정연하지 않을 때, 우리는 다음 상황을 예측할 수 없다. 규칙적으로 움직이지 않으면 예측이 불가능하기 때문이다. 또한 예측이 불가능하다는 것은 불안하다는 것을 의미하기도 한다. 어디로, 어떻게 변화될지 모르기 때문에 불안해지는 것이다.

그런데 하나님께서는 이런 카오스의 상태를 새롭게 창조하셨다.

하나님이 창조하신 세상을 우리는 '코스모스'(cosmos)라고 말한다. 코스모스가 무엇인가? 어떤 사람은 '가을에 피는 꽃 이름'이

• 우주를 코스모스라고 부르는 이유는 질서정연하게 돌아가기 때문이다. 한 치의 오차도 없이 규칙적으로 움직이기 때문에 우리는 불안해하지 않고 밤과 낮, 계절의 변화 등을 예측할 수 있다.

라고 말할 것이고 '우주'라고 말하는 사람도 있을 것이다.

그러나 코스모스는 카오스의 반대되는 개념으로, 질서를 의미한다. 즉, 깨끗한 것, 질서정연한 것, 규칙적인 것을 말한다. 질서 없이 혼란스러웠던 상황이 질서정연한 상태로 바뀐 것이다.

그런데 중요한 개념이 하나 더 있다. 질서정연하게 규칙적으로

움직인다는 것은 그다음의 상황이 예측 가능하다는 것이다. 항상 규칙적이기 때문이다. 그러므로 예측이 가능하다는 것은 불안하지 않다는 것과도 같다. 어떻게 변화될지 알고 예측할 수 있으니 불안하지 않은 것이다.

창조는 바로 그와 같다. 카오스와 같은, 엉망진창인 혼돈의 세계에서 코스모스와 같은 질서정연한 상태로 바뀌는 것이다. 즉, 예측이 불가능한 혼돈의 세계에서 예측이 가능한 질서의 세계로 변화하는 것을 말한다.

불안한 세계에서 불안하지 않은 세계로 변화하는 것, 그것이 바로 창조다. 그래서 창조의 세계는 불안하지 않다. 어떻게 변화될지 예측할 수 있기 때문이다. 그러므로 우리는 다음과 같은 그림을 그려볼 수 있다.

그런데 이러한 창조의 그림은 옛날, 이 세상이 창조될 때만 적용되는 것이 아니다. 앞에서도 언급했듯이 하나님께서 창조의 이야기를 써주신 목적은 오늘을 사는 우리들을 위해서다. 하나님은 우리에게 성경이 왜 쓰였고, 어떻게 활용해야 할 것인지 말씀해

주신다. 창조의 얘기는 오늘을 살아가는 우리들의 삶에 적용해야 할 말씀이다. 즉 카오스와 같이 뒤죽박죽인 우리의 삶을 코스모스처럼 아름답고 깨끗하며 보기 좋은 삶으로 변하게 해주신다는 것이다.

예측 가능한 미래

여러분은 삶이 잘 정리되어 있는가? 하는 일 모두가 늘 깨끗하게 처리되고 있는가? 계획대로 순조롭게 인생의 길을 걷고 있는가? 깨끗하게 주변을 잘 정리하며 사는가? 장래의 모든 일이 예측 가능하여 항상 평안한 삶을 살고 있는가? 솔직히 그렇지는 않을 것이다.

대부분의 사람들은 자신의 방을 청소하는 일부터 집안 정리, 인간관계, 장래의 문제, 삶의 문제들이 모두 순조롭지 못한 것 같다. 내가 생각하는 대로 잘 진행이 되지 않는다. 때로는 다시 시작하고 싶은 마음이 들 만큼 엉망이 되어버렸다고 생각될 때도 있다.

혹 혼돈스럽지 않은가? 괴롭지 않은가? 뭔가 공허하지 않은가? 뒤죽박죽이 된 상황, 불규칙적인 상황에서 우리는 아무것도 예측할 수 없다. 예측이 불가능하다는 것은 불안하다는 것을 의미한다. 그렇게 엉망이었던 카오스와 같은 우리의 삶이, 잘 정리되고 깨끗하고 규칙적인 코스모스의 삶으로 변화하는 것. 그것을 성경에서는 창조라고 말한다.

● 엉망이 된 방은 다시 정리하면 되지만 엉망이 된 우리 삶은 어떻게 정리해야 할까?

창조된 삶은 평안하다. 생활이 규칙적이면 예측이 가능해지고 예측이 가능해지면 불안하지 않기 때문이다. 하나님은 우리에게 그런 창조를 말씀하고 계신다. 이 세상을 창조하신 원리로 우리를 새롭게 창조하려 하신다.

"옛날에 내가 세상을 창조했단다. 그래서 카오스가 코스모스가 되었단다. 이제 카오스와 같은 네 삶도 코스모스로 만들어줄게."

이렇게 말씀하시면서 우리 곁에 다가오시는 것이다.

창조의 열쇠

그러면 하나님께서는 무엇으로 창조하시는가? 어떻게 세상을 창조하셨는가? 창세기 1장에 보면 창조의 도구에 대한 설명이 자세히 나온다.

> 하나님이 이르시되 빛이 있으라 하시니 빛이 있었고 빛이 하나님이 보시기에 좋았더라 하나님이 빛과 어둠을 나누사(창 1:3-4).

그것은 바로 하나님의 말씀이다. 하나님께서 말씀으로 세상을 창조하셨다는 것이다. 하나님의 말씀, 이것을 헬라어로는 '로고스'(logos)라고 한다.

그렇다면 로고스란 무엇일까? 단어의 뜻은 '말씀'이지만 성경에서는 좀 더 특별한 의미로 쓰인다. 로고스가 무엇인지는 요한복음에서 정확하게 말해주고 있다.

> 태초에 말씀이 계시니라 이 말씀이 하나님과 함께 계셨으니 이 말씀은 곧 하나님이시니라 그가 태초에 하나님과 함께 계셨고 만물이 그로 말미암아 지은 바 되었으니 지은 것이 하나도 그가 없이는 된 것이 없느니라(요 1:1-3).

하나님께서 말씀으로 세상을 창조하셨는데 그 말씀이 처음부터 하나님과 함께 계셨다는 것이다. 즉, 또 다른 존재를 설명하고 있다. 그리고 그 존재가 무엇인지는 다음의 말씀에서 풀어준다.

> 말씀이 육신이 되어 우리 가운데 거하시매 우리가 그의 영광을 보니 아버지의 독생자의 영광이요 은혜와 진리가 충만하더라(요 1:14).

성경은 태초부터 하나님과 함께 계셨던 말씀이 바로 하나님의 하나밖에 없는 독생자라고 밝힌다. 다시 말해 예수 그리스도라는 것이다. 예수님께서는 태초부터 아버지 하나님과 함께 계셨고 천지를 창조하셨다. 즉, 세상의 창조는 하나님의 말씀인 예수 그리스도로부터 비롯된 것이다.

그러므로 우리는 다음과 같은 공식을 만들 수 있다. '카오스와 같은 상황에 로고스인 예수 그리스도가 오시면 코스모스 세계가 된다.' 그림으로 그려보면 다음과 같다.

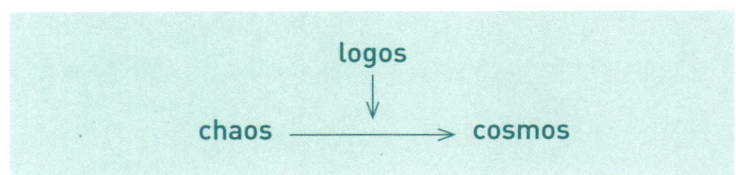

- 뒤죽박죽 카오스와 같은 우리의 삶이 잘 정리되고 깨끗하고 규칙적인 코스모스의 삶으로 변화하는 것, 그것을 성경에서는 창조라고 말한다.

이제 새로운 공식이 하나 완성되었다. 이것이 창조의 공식이다. 카오스와 같은 우리 삶에 하나님의 말씀이신 예수 그리스도가 오시면 우리의 삶은 코스모스의 세계로 새롭게 창조된다.

뒤죽박죽이었던 우리 인생에 예수님께서 오시면 깨끗하고 질서정연한 코스모스의 모습으로 변화한다는 것이다. 하나님께서는 우리를 그렇게 창조하길 원하신다.

'예수님이 오신다고 우리의 삶이 그렇게까지 변화될 수 있을까?' 의문이 생기겠지만 예수님께서는 너무도 강한 에너지가 있어 우리를 새롭게 변화시키기에 충분하다.

예수님이 조폭과 함께 산다면?

'metastasis'라는 단어가 있다. 우리말로 전이(轉移)라는 뜻인데 '자리나 위치 따위를 다른 곳으로 옮기는 것'을 의미하며 주로 의학용어로 많이 쓰인다. 그러나 살다 보면 꼭 암세포 같은 것만 전이되는 것은 아니다. 삶의 습관과 문화도 전이가 된다. 보다 강한 에너지가 약한 에너지 쪽으로 전이되는 것이다.

우리 주변에 있는 집단들은 나름대로의 문화를 갖고 있다. 직장에는 직장문화가 있고 학교에는 학교문화가 있다. 특별히 직업

군에 따라 독특한 문화가 있는데 그들 문화는 항상 강한 문화가 약한 문화에 영향을 주게 된다. 이른바 문화의 전이가 일어나는 것이다.

그렇다면 우리 사회에서 다른 직업에까지 전이되어 강력한 영향을 주는 문화를 가진 것은 무엇일까? 전문가들은 그중 하나가 군대문화라고 이야기한다. 군대문화는 그 특성이 매우 강하여 우리 사회 전반에 전이되어 있다.

군대에 갔다 온 사람들이 군대문화에 익숙해지는 것은 그만큼 그 문화의 전이가 강력하기 때문이다. 그래서 그런 사람들이 모여 있는 직장은 마치 군대 같다. 직장에서도 군대 같은 위계질서를 만들어 생활한다.

대한민국의 성인 남자는 병역의 의무를 수행하기 위해 군복무를 한다. 그래서인지 우리 사회 곳곳에 군대문화가 많이 나타난다. 바로 군대문화의 사회적 전이다.

그런데 군대문화보다 더 강력한 전이를 보여주는 것이 있다. 바로 조폭문화다. 조폭문화는 너무도 강력하여 조폭에 몸담지 않은 사람에게도 금방 전이가 된다.

우리나라 영화나 드라마에 일상에서 접하기 어려운 조폭 관련

소재가 매우 많이 나타나는 것, 청소년들이 조폭 흉내를 많이 내는 것 등은 그것이 전이되는 힘이 얼마나 강력한지를 잘 말해주고 있다.

그도 그럴 것이 선량한 사람도 실수로 죄를 범하여 감옥에서 조폭과 함께 생활하게 되면 어느 순간 조폭과 비슷한 모습으로 변하는 경우가 많다. 조폭문화에 전이가 된 것이다.

그렇다면 이런 엉뚱한 생각을 해보면 어떨까? 조폭과 예수님이 감옥에서 함께 생활한다면, 약 3개월 후 감옥 안에서 어떤 일들이 벌어질까? 혹 상상이 가는가? 예수님이 조폭처럼 변할 리는 만무하지 않을까?

"예수야! 물 좀 갖고 와라!"
"예, 형님! 여기 있습니다, 형님!"

● 누구나 조폭의 경험은 없어도 조폭문화는 금방 습득한다. 특별히 청소년들은 조폭문화에 금방 동화될 뿐 아니라 그것을 동경하기까지 한다. 그만큼 조폭문화는 강력하여 전이가 빠르다. 2001년에 개봉된 영화 "친구"의 포스터.

그럴 리는 없겠지만 조폭의 영향을 받아 조폭처럼 변하는 예수님이라면 나는 예수님을 믿거나 따르지 않을 것이다. 내가 믿는 주님이 그런 약한 분이라면 나는 그분을 의지할 수 없기 때문이다.

그러나 만일 그런 상황이 온다면 분명히 예수님께서 조폭같이 변하는 대신, 오히려 감옥에 있는 모든 조폭들이 예수님의 마음을 닮아가게 될 것이다. 예수님께서 훨씬 더 강하시기 때문이다.

예수님의 영향력이 전이되기까지 3개월은 너무 긴 시간이다. 예수님은 누구든지 한 번만 만나도 변화되기에 충분한, 강력한 전이를 주시는 분이기 때문이다.

예수님과 함께 십자가에 달렸던 한 강도는 예수님의 말 한마디에 삶이 역전되었고, 사도 바울은 다메섹으로 가는 도중 길에서 예수님을 만난 것이 일생을 바꾼 동기가 되었다.

예수님께서 우리에게 오시면 우리는 새롭게 창조된다. 세상의 그 어떤 정신이나 문화도 예수님의 창조 의지를 이길 수 없다. 예수님을 알면 우리는 변화된다.

카오스와 같이 엉망진창이었던 우리의 삶, 예측이 불가능하여 항상 불안했던 우리의 삶이 코스모스와 같은 질서정연한 삶으로 변화된다. 언제나 예측이 가능하여 불안하지 않은 삶을 살게 되는 것이다.

이것은 몇 날 몇 시에 무슨 일이 벌어질 것이라는 식의 예측이 아니다. 보다 근본적인 것을 해결해주는 것이다. 즉, 어떤 일이 벌어진다 해도, 어떤 어려움이 닥친다 해도, 하나님께서 언제나 나를 좋은 길로 인도해주실 것을 아는 것, 그것이 예측되는 것이다.

때문에 잠시 당하는 고난도 고통스럽지 않다. 그 끝을 예측할 수 있기 때문이다. 이것이 코스모스의 삶이다. 하나님의 창조의 손길이 내게 미칠 때의 삶인 것이다.

Don't Worry

우리 집 아이들도 고3의 수험생 생활을 경험했다. 어느 집이나 마찬가지로 고3 수험생이 있는 가정은 언제나 전쟁터다. 아이도 나름대로 열심히 준비했지만 걱정은 부모도 함께하는 것 같다. 장래에 대한 걱정 때문에 매우 불안해할 만한 시기임에 틀림없다. 예측이 가능하지 않으니 불안할 수밖에 없다.

그러나 우리 가정은 그렇게 불안해하지 않았다. 지금껏 그랬듯이 언제나 하나님께서 좋은 길로 인도해주실 것을 확실하게 알기 때문이다.

우리 아이가 소위 세상이 말하는 좋은 학교에 진학할 수도 있고 그러지 못할 수도 있다. 그러나 우리에게는 그것이 그렇게 큰 문제가 되지 않는다. 지금까지 그러셨듯, 하나님은 어느 길이든 결국 우리 아이에게 가장 알맞은 길, 제일 좋은 길을 열어주실 것이라는 사실을 알고 있기 때문이다.

막연히 믿는 차원이 아니라 확실히 알고 있는 것이다. 예측이 되니 아는 것이고 그것을 알고 있으니 결코 두렵지 않다.

그래서 우리 아이는 여기저기 학원은 다니지 않아도 주일에 하나님께 예배하는 것과 성가대 봉사는 빠지지 않았다. 고3 여름방학 때 자신이 모은 돈으로 몽골단기선교를 가겠다고 하여 기쁜 마음으로 허락했으며, 특별새벽기도에도 빠지지 않고 나갔다.

그리고 더 중요한 것은 고3임에도 불구하고 하루 7시간 이상 잘 수 있었다는 것이다. 왜 그랬을까? 어떻게 그럴 수 있었을까? 대학 입학을 포기한 것일까? 아니다. 한마디로 그만큼 마음이 편했기 때문이다.

고3 시기는 불안해하는 것이 보편적인데 우리집은 부모도, 당사자인 아이도 그다지 불안해하지 않았다. 그것은 하나님께서 분명 좋은 길로 인도해주실 것이라는 사실을 알고 있었기 때문이다. 믿는 차원이 아닌 아는 것이다. 그것이 바로 창조의 힘이다. 하나님께서 나와 우리 아이를 그렇게 창조해주셨기 때문이다.

하나님은 지금도 우리에게 다가오신다. 그래서 누구나 예수 그리스도를 마음에 모시면 새롭게 창조될 수 있다. 하나님은 이렇게 말씀하신다.

"내가 옛날에 세상을 말씀으로 창조했단다. 이제는 그렇게 너를 창조하고 싶다."

뒤죽박죽이었던 우리의 삶은 깨끗해질 수 있다.
카오스 - 로고스 - 코스모스!

너를 응원해

"보는 눈 하고는…"
가장 소중한 가치를 잡아라

3
Value

나의 가치,
어떻게 정해지는가

Value
가장 소중한 가치를 잡아라

/

가정환경이 사람을 만들지 못한다.
어느 정도 영향은 줄 수 있지만
절대적인 영향은 주지 못한다.
성적이 사람에게 행복을 주지 못하고
실력이 사람의 장래를 보장하지 못한다.
돈도 사람을 행복하게 만들지 못한다.
사람의 조건과 환경도 절대로
사람을 성공시키지 못한다.
하나님의 말씀을 인정하고 그 말씀대로 살 때
인생의 풍요로운 열매를 맺을 수 있다.

"보는 눈 하고는…"

보는 눈을 길러라!

어느 대학의 고고학 교수가 설렁탕 집에 가서 점심식사를 하고 있었다. 식당의 카운터에는 사장이 있었고 카운터 아래에는 개 한 마리가 밥을 먹고 있었다. 이것을 본 교수는 깜짝 놀랐다. 그 개가 밥을 먹는 그릇이 매우 귀한 도자기였기 때문이다.

고고학 교수는 생각했다. 식당 사장이 도자기에 관하여 무식해서 저 비싼 그릇을 개 밥그릇으로 사용하고 있다고 말이다. 그래서 그 그릇을 갖기 위해 사장에게 가서 말을 건넸다.

"사장님, 개가 참 예쁘네요. 값을 후하게 드릴 테니 제게 파시지요?"

"얼마나 줄 거요?"

"50만 원 드리리다."

"50만 원이요? 좋습니다, 드리지요."

사장은 50만 원이라는 말에 흔쾌히 승낙했다.

잠시 후 교수는 도자기를 손에 넣기 위해 조심스럽게 말했다.

"사장님, 밥그릇도 함께 주세요. 개들은 밥그릇이 바뀌면 밥을 안 먹으니까요."

이 말을 들은 사장의 대답이 걸작이었다.

"그 그릇은 비싼 도자기라 팔지 않습니다. 그릇 때문에 벌써 개를 10마리째 팔고 있거든요."

"…??"

● 일본의 민예 연구가 야나기 무네요시. 도자기의 가치를 볼 수 있는 눈으로 수많은 한국 도자기를 싼값에 수집했다. 그가 갖고 있는 한국 도자기 중 국보급만 약 270점 정도 된다.

고수들의 대화인 것 같다. 사람은 보는 눈이 좋아야 한다. 무엇이 가치 있는 것이고 무엇이 가치 없는 것인지 알아야 한다. 그것을 알아야 가치 있는 것들을 얻으며 살 수 있기 때문이다.

실제로 그렇게 산 사람이 있었다. 바로 야나기 무네요시(柳宗悅, 1889~1961)라는 일본 사람이다. 그는 아버지가 조선 총독부의 고위 관리였던 까닭에 젊은 시절을 조선에서 보내게 되었다.

그러면서 값비싼 도자기를 알아보는 눈이 생겨 조선 팔도를 돌면서 장터에 나온 도자기들을 싼값에 하나씩 사 모았다. 먹고살기 위해 값비싼 물건인 줄도 모르고 그릇을 내다 파는 조선 사람들에게서 헐값에 도자기를 사들인 것이다.

그렇게 사들인 도자기로 1924년, 서울에 조선민족미술관을 설립하여 도자기들을 전시했다. 그 후에는 값비싼 도자기를 가지고

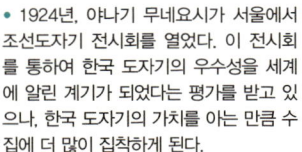
• 1924년, 야나기 무네요시가 서울에서 조선도자기 전시회를 열었다. 이 전시회를 통하여 한국 도자기의 우수성을 세계에 알린 계기가 되었다는 평가를 받고 있으나, 한국 도자기의 가치를 아는 만큼 수집에 더 많이 집착하게 된다.

일본으로 건너가 1936년, 일본 동경의 메구로구(目黑区) 코마바(駒場)에 일본 민예관을 설립하고 지금까지 조선의 도자기들을 전시하고 있다.

● 동경 메구로구(目黒区) 코마바(駒場)에 있는 일본 민예관의 모습. 크기는 않지만 일본의 전통적인 건축양식으로 지어졌다. 그곳에 전시되어 있는 도자기들 대부분이 한국 것이다.

　전문가들은 그가 가지고 간 한국의 도자기가 수천 점에 이르며 그중 국보급 도자기만 해도 약 270점 정도라고 한다. 한 나라의 국보급 도자기들을 일본인 개인이 소장하고 있다는 것은 가슴 아픈 일이 아닐 수 없다.
　그러나 반환을 요청할 수 없는 이유는 그가 정당한 값을 주고 산 물건들이기 때문이다. 가치를 아는 사람만이 그것을 소유할 수 있는 것이다.

취미와 가치관의 차이

사람이 무엇에 가치를 두며 살아갈 것인지 인식하고 그 가치를 추구하며 살아가는 것을 우리는 가치관이라고 말한다. 가치관은 사람의 삶의 방향을 바꾸어 놓는다. 자신이 가치 있다고 생각하는 것을 찾아 살아가기 때문이다.

돈에 최고의 가치를 두는 사람은 돈 때문에 사랑을 버린다. 그러나 사랑에 최고의 가치를 두는 사람은 사랑 때문에 돈을 버린다. 두 사람의 길은 절대 같을 수 없다. 가치관의 차이가 삶의 우선순위를 바꾸어 놓기 때문이다.

그런데 가치관은 취미처럼 제각각 하나씩 선택할 수 있는 것이 아니다. 취미는 사람에 따라 다르다. 어떤 사람은 그림 그리기를 좋아하고, 어떤 사람은 운동을 좋아한다. 어떤 사람은 여행을 좋아하고, 또 어떤 사람은 독서를 좋아한다.

어떤 취미든 그것은 각자에게 가장 소중하고, 모두에게 똑같이 소중한 것이다. 음악이 등산보다 더 좋은 취미라고 말할 수 없고, 영화감상이 여행보다 더 고상한 취미라고 말할 수 없다. 사람들의 개성과 기호가 다른 만큼 각 사람의 선택 모두 존중받아야 하기 때문이다.

사람들은 가치관도 취미와 같이 모든 사람에게 소중하다고 말한다. 그래서 서로의 가치관을 존중해줘야 한다고 말한다. 그러나 그렇지 않다. 가치관에는 소중한 가치관과 그렇지 못한 가치관이 있다.

우선적으로 찾아야 하는 가치관, 멋진 인생을 위해 욕심내어 내 것으로 만들어야 하는 가치관이 있는 것이다. 그 가치관의 소중함과 우선순위를 볼 수 있고 판단할 수 있는 눈이 우리에게 있어야 한다.

가장 중요한 가치관을 갖고 살아가면 똑같은 환경이라 할지라도, 똑같은 조건이라 할지라도 그 삶의 결과가 사뭇 다르게 나타난다. 같은 환경과 조건이라도 그것을 대하는 사람의 마음이 다르고 그것을 활용하는 방법이 다르기 때문이다.

같은 환경, 다른 삶

여기, 비슷한 환경과 비슷한 조건에서 성장한 두 사람이 있다. 이들의 삶의 자세와 그 결과가 얼마나 다른지 한번 비교해보기 바란다.

1963년 11월 22일 낮 12시 30분, 미국 텍사스 주 댈러스 시에서 세계사를 뒤바꿔 놓은 사건이 벌어졌다. 미국의 영웅이자, 당시 47세였던 젊은 대통령 존 F. 케네디가 시내 퍼레이드 중 어느 괴한의 총탄을 맞고 쓰러졌다.

범인은 사건 발생 2시간 만에 현장에서 즉시 체포되었는데, 오스왈드라는 이름의 30대 청년이었다. 미 연방 수사국인 F.B.I.는 범행의 배후를 캐기 시작했다. 수사 결과 단순범행이었고, 범행 동기는 범인의 불우한 가정환경 탓이었다고 발표했다. 당시 F.B.I.의 수사 내용을 간추려 보면 다음과 같다.

범인 오스왈드는 아버지가 세 번이나 바뀌었다. 그래서 그는 아버지가 서로 다른 형제들 사이에서 자랐다. 갈등과 시새움과 혼란이 뒤범벅된 가정에서 성장한 그는 자기를 낳지 않은 아버지에게 계속 야단맞고 외면과 거절당하는 아픔을 겪었다. 어머니 또한 완전히 그를 무시하고 방관하여 누구에게도 사랑받지 못하는 아픔 속에서 소년 시절과 청년 시절을 보냈다.

학창 시절에도 그는 자신이 가진 우수한 지능에도 불구하고 친구들과 싸움을 일삼다가 마침내 고등학교를 자퇴하게 되었다. 그 후 새로운 결심을 하고 군에 입대했지만 그곳에서도 동료 사병들과 싸우며 하루하루를 보내던 중 결국 상관을 폭행하고 군법회의에 회부되어 재판을 받고 군대에서 쫓겨나는 신세가 되었다.

오스왈드는 또다시 새로운 결심을 하고 외국에 나갔다. 그러나 외국에서도 그를 환영하는 사람은 아무도 없었다. 그는 여전히 거절당하는 아픔을 안고 이리저리 떠돌다가 배경이 확실치 않은 한 여인을 만나 결혼했다. 그러나 그는 아내에게도 무능력한 사람으로 낙인 찍혀 항상 경멸과 조롱을 받았다.

미국에 다시 돌아온 후에도 그의 아내는 친구들 앞에서 그에게 말할 수 없는 모욕과 경멸의 말을 퍼부었다. 마침내 오스왈드는 인생에 대한 꿈과 희망을 완전히 포기하고 말았다.

'이 세상에서 나를 이해해주는 사람은 아무도 없다. 그 누구도 나에게 관심을 갖지 않는다.'

결국 그는 자신의 불행한 소년 시절과 청년 시절을 통해서 배운, 사랑과 관심을 끄는 유일한 수단으로 전 세계 사람들의 관심과 주목을 모으기로 작정했다.

● 미국의 35대 대통령인 존 F. 케네디. 1963년 11월 22일, 유세지인 텍사스 주 댈러스 시에서 자동차 퍼레이드 도중 오스왈드가 쏜 총에 맞아 쓰러졌다. 그는 워싱턴과 링컨에 이어 미국인이 가장 존경하는 대통령이기도 하다.

사건 당일, 그는 자기 집 창고 속에 숨겨 두었던 소총을 꺼내 그가 가장 최근에 취직했던 직장의 서적 보관창고 맨 꼭대기에 올라가 오픈카를 타고 퍼레이드 중인 케네디 대통령을 향해 방아쇠를 당겼다. 그리고 그가 쏜 세 발의 총탄 중 두 발이 명중되어 케네디는 그 자리에서 죽고 말았다.

이 내용을 접하는 사람들은 대체로 이렇게 이야기한다.
"역시 집안이 그랬군."
"그래서 사람은 가정환경이 중요한 거야."
"우리 아이들은 잘 키워야지."
그러면서 그 청년을 예정된 범죄자로 몰고 간다. 아니, 오스왈드는 마치 범죄 외에 다다를 곳이 없는 사람인 것처럼 생각한다. 왜냐하면 '결손 가정이 문제아를 낳는다. 문제아 뒤에는 문제 부모가 있다.'는 식의 교육학적 속설을 불변의 진리로 알고 있기 때문이다. 그래서 우리는 문제아만 보면 "그래, 너도 그럴 수밖에 없구나." 하고 규정짓곤 한다.

그러나 또 한 사람의 이야기가 있다. 오스왈드와 성장기의 환경이 비슷한 사람의 이야기다. 이 사람의 소년기는 참으로 우울했다. 한 아버지와 네 어머니 그리고 배다른 형들이 자그마치 10명.

그는 형들의 학대와 따돌림 속에서 소년기를 보냈다. 아버지의 사랑을 받고 있어 그나마 위안이 되었지만 그것은 오히려 소년에게 더 큰 짐이요, 아픔이었다. 상대적으로 아버지의 사랑을 박탈당한 형들이 아버지의 시선이 닿지 않는 곳에서 소년을 괴롭히고 따돌렸기 때문이다.

결국 형들에 의해 죽을 고비를 넘긴 그는 먼 나라로 팔려가는 신세가 되었다. 형들이 동생을 인신매매한 것이다. 이 정도면 그가 누구인지 다 알 것이다. 바로 요셉이다.

아버지와 어머니의 사랑과 관심을 받아야 할 어린 시절, 그는 형들의 구박을 받았고, 청소년기에는 먼 나라로 팔려가 그곳에서 남의 집 종살이를 했다. 불과 열일곱 살에 종살이를 하며 먹고살았던 것이다.

그를 요셉이 아닌 당신 자신으로 생각해보기 바란다. 그곳에서 사람답게 살 수 있었을까? 그곳에서 성공적인 삶을 꿈꿀 수 있었을까? 불가능한 일이다. 아니, 생각만 해도 끔찍한 일이다.

더구나 그 모든 아픔을 극복하며 보디발의 집에서 성실히 일한 요셉에게 찾아온 것이 무엇인가? 감옥에서 옥살이를 한 것이었다. 성실히 일한 결과가 더 큰 고난이었고 더 큰 아픔이었다. 성실의 대가치고는 너무 큰 고통이었다. 심지어 그것까지 참고 감옥에서 성실히 일한 요셉에게 또다시 찾아온 것도 고통이었다.

가장 가까이 있던 사람들로부터의 미움, 학대, 진실이 오히려 고통이 되어 돌아오는 현실, 그 상황에서 요셉이 무엇을 배울 수 있으며 어떤 성격이 형성되었겠는가? 형들에 의해 팔려왔다는 사실, 고생의 연속, 정직과 성실이 무시된 현실….
일반 교육학적 시각으로 볼 때 청년 요셉에게서 나올 수 있는 답이 무엇인지 아는가? 그것은 오직 '분노'다. 그의 과거 경험들을 보면 요셉은 분노의 사람으로 성장했어야 한다.

요셉에게 있던 불행의 씨앗은 어쩌면 그의 아버지 야곱 때부터 이어진 것인지도 모른다. 그의 아버지도 마찬가지였기 때문이다.
야곱은 태어날 때부터 남에게 지기 싫어한 욕심꾸러기였다. 쌍둥이 형의 발꿈치를 잡고 태어난 이력이 그의 성격이 되었다. 결국 청년기 때, 아버지와 형을 속이며 축복의 유산을 가로채서 도망을 갔다. 그에게 가정은 거기까지였다.

그러나 그것은 그렇게 중요하지 않았다. 왜냐하면 그에게 가족의 사랑은 아무런 의미가 없었기 때문이다. 오직 자기의 것을 챙

기기 위해 가족과 친척까지도 속여야 했으며 그 성격은 결국 현실로 나타나 외삼촌을 속여 재산을 빼앗고, 아내를 넷이나 얻기에 이르렀다.

그에게서 사람 냄새는 찾아볼 수 없었고 그렇게 살아가는 인생의 결과는 미루어 짐작할 수 있을 정도였다. 불우한 청소년기와 가족의 따뜻한 사랑을 받지 못한 것이 아들 요셉과 같다.

어쨌든 아버지 야곱의 삶의 뿌리가 거짓이었기에 그의 아들 10명도 아버지를 속이고 동생 요셉을 팔아먹었다. 말이 팔아먹은 것이지 동생을 죽인 것이나 다름없었다. 가족의 사랑이 깨어진 집안의 결과다.

그 집안은 세상의 기준으로 볼 때 소위 '콩가루 집안'이다. 한 가정이 이보다 더 어떻게 망가질 수 있겠는가? 위아래가 없고 형제는 형제를 죽이기까지 미워하고 팔아먹는 관계, 어쩌면 이 가정은 성경이 아니라 신문 사회면에 나와야 더 어울릴 만한 모습의 가정이다.

그런데 참으로 이상하게도 이 집안은 신문 사회면에 소개되지 않고 성경에 나온다. 우리 상식으로는 범죄인이 되지 않으면 그나마 다행인 환경이었는데도 그들은 범죄는커녕 오히려 하나님이 인정하는 삶을 살았다.

오스왈드와 요셉의 삶을 비교할 때 무슨 차이가 있는가? 답은 분명하다. 여기서 우리는 교육학적 답이 아닌 매우 특별한 답을 얻을 수 있다. 그것은 바로 '하나님'이다. 하나님이 우리 인생의 길을 인도하시는 것이다. 우리 삶을 생명으로 이끄시는 것이다.

나는 결코 교육학의 기여도와 그 학문의 연구 결과를 신뢰하지 못한다는 말을 하려는 것이 아니다. 오히려 나는 교육학의 이론과 접근방법을 좋아하고 또 교육학적 학습을 신뢰한다.

다만 사람에게는 일반 교육학이 증명할 수 없는 부분이 있다는 것을 말하고 싶은 것이다. 세상의 학문으로는 증명할 수 없는 놀라운 비밀, 즉 하나님만이 우리 삶을 온전하게 인도하신다는 것이다.

● 사람이 무엇에 가치를 두며 살아갈 것인지 인식하고 그 가치를 추구하며 살아가는 것을 우리는 가치관이라고 말한다. 가치관은 사람의 삶의 방향을 바꾸어 놓는다.

멋진 삶을 위하여

나는 말씀을 그대로 믿는다. 목사이기 때문에 믿는 것이 아니라 하나님의 말씀이기에 믿는다. 하나님께서는 오늘 우리에게 다음과 같이 말씀하신다(잠 3:1-10).

1. 내 아들아 나의 법을 잊어버리지 말고 네 마음으로 나의 명령을 지키라
2. 그리하면 그것이 네가 장수하여 많은 해를 누리게 하며 평강을 더하게 하리라
3. 인자와 진리가 네게서 떠나지 말게 하고 그것을 네 목에 매며 네 마음판에 새기라
4. 그리하면 네가 하나님과 사람 앞에서 은총과 귀중히 여김을 받으리라
5. 너는 마음을 다하여 여호와를 신뢰하고 네 명철을 의지하지 말라
6. 너는 범사에 그를 인정하라 그리하면 네 길을 지도하시리라
7. 스스로 지혜롭게 여기지 말지어다 여호와를 경외하며 악을 떠날지어다
8. 이것이 네 몸에 양약이 되어 네 골수를 윤택하게 하리라
9. 네 재물과 네 소산물의 처음 익은 열매로 여호와를 공경하라

10. 그리하면 네 창고가 가득히 차고 네 포도즙 틀에 새 포도즙이 넘
    치리라

나는 잠언을 읽을 때마다 솔로몬의 마음이 전해지는 것 같은 느낌을 받는다. 솔로몬의 그 안타까운 마음을 알기 때문이다.

원래 솔로몬은 왕이 될 수 없는 사람이었다. 출생 자체가 죄의 뿌리였으며 수많은 형들을 두고 있었기 때문에 출생으로나 서열로 봤을 때 결코 아버지 다윗의 뒤를 이어 왕이 될 수 없었다.

왕이 된다 하더라도 왕의 권위를 가지고 계속 통치할 수 있을지 의문이었던 스무 살의 막내 왕자였다. 무서운 형들이 자기를 지켜보고 있는 현실 속에서 자신의 처지를 누구보다도 잘 알고 있었던 그는 하나님을 의뢰했다. 그리고 도움을 청했다.

그에게는 부귀영화가 소중한 것이 아니었다. 그런 솔로몬을 하나님께서 복 주셔서 통치하는 40년 동안 전쟁이 한 번도 없었던 유일한 왕으로 만들어주셨다.

잠언이 무엇인가? 자신의 경험을 간증으로 갖고 있는 아버지 솔로몬의 자녀교육철학이다. 그는 말한다.

"하나님을 만나라! 하나님을 믿어라! 하나님을 의지하라!"

가정환경이 사람을 만들지 못한다. 어느 정도 영향은 줄 수 있

지만 절대적인 영향은 주지 못한다. 성적이 사람에게 행복을 주지 못하고 실력이 사람의 장래를 보장하지 못한다. 돈도 사람을 행복하게 만들지 못한다. 사람의 조건과 환경도 절대로 사람을 성공시키지 못한다.

사람은 하나님을 만나 그분을 인정할 때 성공할 수 있다. 하나님을 만날 때 비로소 멋진 삶을 살 수 있게 된다. 하나님의 말씀을 인정하고 그 말씀대로 살 때 인생의 풍요로운 열매를 맺을 수 있는 것이다. 하나님이 하실 수 있다는 생각, 그 생각을 갖고 사는 것이 우리가 찾아야 할 가치관이다. 세상의 그 어느 가치관보다 더 소중한 가치관인 것이다.

취미는 삶에 활기를 준다. 기분이 우울할 때 기분을 좋게 해주고, 지쳐 있을 때 힘을 준다. 그러나 가치관은 삶의 활기를 주는 차원이 아닌, 인생의 승패를 결정한다. 좋은 가치관을 갖고 사는 사람과 그렇지 않은 사람의 인생은 그 조건이 같아도 삶의 결과가 엄청나게 차이가 나는 것이다.

> 무엇이 가치 있는 삶인지, 어떻게 살아야 멋진 삶을 살 수 있는지, 그것을 볼 수 있는 사람은 행복하다.

너를 응원해

"죽도록 공부해서 성공해야지!"
너를 향한 하나님의 인생 계획을 신뢰하라

4
Success

진정한 성공, 찾았는가

Success

너를 향한 하나님의 인생 계획을 신뢰하라

하나님은 세상의 중심에 들어가는 것을
성공이라고 말씀하지 않으셨다. 왜냐하면
하나님은 언제, 어느 곳이든 마음만 먹으면
그곳을 세상의 중심으로 만드실 수 있기 때문이다.
그래서 하나님께는 '세상의 중심'이라는 개념이
별로 중요하지 않다. 진정으로 '성공한 인간'은
'하나님의 뜻을 따라 사는 사람'을 말한다.

성공에 대한 하나님의 생각

사람들은 누구나 세상의 중심에 서고 싶어 한다. 변두리에서 서성거리기를 좋아하는 사람은 아마도 없을 것이다. 사람들은 세상을 움직이는 주류가 되고 싶어 하지 세상에서 아무런 영향을 미치지 못하는 비주류가 되고 싶어 하지 않는다.

그래서 사람들은 열심히 노력한다. 세상의 중심에 들어가고, 또 세상의 중심에 서 있는 사람들과 함께 있고 싶기 때문이다.

성공이 무엇일까? 많은 사람이 '세상의 중심으로 들어가는 것'이라고 생각한다. 세상의 중심에 들어가거나 세상의 중심에 있는

● 비버리힐즈의 고급 주택단지. 캘리포니아 LA시 북부에 있는 비버리힐즈는 미국 사람들이 한 번쯤 살고 싶어 하는 부촌이다. 유명인들이 많이 살며 천만 불 이상의 집들이 즐비하다.

사람들 그룹에 들어가 그들과 함께 사는 것을 성공이라고 여긴다.

사회에 영향력을 끼치는 직업을 갖든지, 남들이 부러워하는 세련된 직업을 갖든지, 돈을 많이 버는 직장에 들어가든지, 세계적으로 유명한 기업에 취직하면 성공했다고 생각하는 것이다.

조금이라도 돈을 모으면 너도나도 유력한 사람들이 모여 산다는 곳에 들어가 그들과 함께 살려고 하는 것도 다 그런 생각의 결과다. 부모들은 자녀들을 그렇게 키우고 싶어서 교육시키고, 자녀들은 자녀들대로 그런 주인공이 되고자 땀을 흘린다.

따지고 보면 우리가 공부하는 것, 기술을 습득하는 것, 시험을 보는 것, 경쟁하는 모든 것이 다 세상의 중심에 서고 싶어 하는 마음 때문에 일어나는 행동들이다. 어떻게든 변두리로 밀리지 않고 중심에 들어가고자 하는 생각에서 오는 노력인 것이다.

그런데 성공이 정말 그런 것일까? 세상의 중심에 서는 것이 성공일까?

이에 대해 하나님은 생각을 달리하신다. 하나님은 세상의 중심에 들어가는 것을 성공이라고 말씀하지 않으셨다. 왜냐하면 하나님은 언제, 어느 곳이든 마음만 먹으면 그곳을 세상의 중심으로 만드실 수 있기 때문이다. 그래서 하나님께서는 '세상의 중심'이라는 개념이 별로 중요하지 않다.

하나님은 한때 세상의 중심이었던 소돔과 고모라 성을 하루아침에 멸망시키셨고 세상의 중심 나라였던 이집트와 바벨론을 변두리 땅으로 만드셨다. 하나님이 보실 때 세상의 중심에 서는 것은 성공이 아니다. 진정으로 '성공한 인간'은 '하나님의 뜻을 따라 사는 사람'을 말한다.

하나님은 우리 각자가 걸어가야 할 인생을 계획해 놓으셨다. 하나님께서 세워 놓으신 계획을 따라 사는 것, 그것을 성경은 성공이라고 말한다. 하나님의 계획에 따라 살아갈 때, 하나님께서는 우리가 서 있는 곳을 세상의 중심으로 만들어주시는 것이다.

성공을 '증명'한 사람

여기 성공에 대한 하나님의 생각을 증명한 사람이 있다. 바로 아브라함이다. 그는 우르(Ur)라는 곳에서 태어나 하란(Haran)이라는 곳에 정착하여 살던 75세 노인이었다.

우르나 하란 모두 고대 중동지역에서는 문명의 대도시였다. 당시의 세계관으로 볼 때 그곳은 세상의 중심이었다. 오늘날의 뉴욕이나 파리 같은 곳, 세상의 문화를 주도하던 문명의 발상지였다.

● 아브라함이 태어난 우르와 살았던 하란은 세계 4대문명발상지인 비옥한 초승달 지대(Fertile Crescent)에 위치해 있다. 이곳은 농경문화가 처음 시작된 곳이며 농경문명을 세계에 전해준 곳이기도 하다. 동쪽 끝은 페르시아 만(灣) 평야이고 이란 고원 자그로스 산맥의 서쪽을 티그리스·유프라테스 강을 따라 북상하여 팔레스티나로 연결된다.

그곳에서 아브라함은 부자로 남부럽지 않은 생활을 했다. 많은 재산을 갖고 많은 종들을 거느리며 큰 권세를 누리며 살았다. 소위 성공했다는 사람에게 있어서 75세라는 나이는 좋은 지역에 정착하여 자신의 부를 누리려는 나이이지 새로운 곳으로 떠나 새 삶을 개척하는 나이가 아니다.

그러나 그는 75세에 하나님의 음성을 듣고 모든 것을 포기한 채 가나안이라는 광야의 땅으로 나아갔다. 아브라함이 길을 떠날 당시의 가나안은 아직 사람들에게 알려지지 않은 척박한 곳이었다. 세상의 중심이 아닌 변방의 땅이었다.

그런데도 아브라함은 아무것도 없고 아무것도 할 수 없는 땅 가나안으로, 하나님의 뜻을 따라 무작정 길을 떠났다. 그리고 역시 하나님의 뜻에 따라 가나안 광야에 정착했다.

자신이 평생 모은 소유를 모두 잃을 수 있는 위기의 순간도 몇 차례 맞이하였고, 좋지 않은 기후 탓에 농사를 망쳐 먹을 것을 찾아 헤매야 했던 때도 있었으며, 원주민의 위협으로 죽을 뻔한 순간도 여러 번 만났다.

하지만 아브라함은 언제나 하나님에 대한 믿음을 잃지 않았다. 자신이 어디에 서 있어야 하는지 늘 하나님의 음성에 귀를 기울였다.

오랜 시간이 지나 아브라함의 인생 전체를 평가받을 시기가 되었을 때, 하나님의 놀라운 역사가 일어났다. 그저 변방의 땅이었던 가나안은 훗날 역사의 중심이 되어 있었다. 아브라함의 땅 가나안이 세상의 중심이 되었던 것이다.

우르도 있었고 하란도 있었으며 이집트도 있었지만 하나님의 뜻을 따라 가나안이 세계의 모든 역사를 쓰는 중심무대가 되었다. 그리고 아브라함은 우르나 하란과 같은 당시의 대도시에서 큰 권세를 누리고 살았을 때와는 비교도 되지 않을 만큼 성공한 삶을 살게 되었다.

내 친구들의 성공담

나는 어려서부터 교회를 좋아했다. 특히 중고등학생 시절에는 주로 교회에서 학생회 활동을 하며 지냈다. 학생회 회장도 하고 총무도 했다.

그 시절 나는 집과 학교와 교회만을 다니며 생활했던 것 같다. 그만큼 교회가 좋았고 함께 신앙생활했던 좋은 친구들과 후배들이 많았다. 그래서 우리는 놀아도 교회에 모여서 놀 만큼 언제나 교회를 중심으로 생활했다.

하지만 당시 교회의 어른들은 조금 다르게 생각하시는 것 같았다. 신앙생활은 열심히 하라고 말씀하시면서 정작 신앙생활을 잘 하려고 교회에 열심히 오면 걱정을 하셨다.

어른들의 관심은 늘 공부와 성적이었기 때문에 지나친 교회활동으로 학업성적이 떨어지는 것을 걱정하셨던 것이다. 즉, 신앙생활과 교회활동은 다른 것이라고 말씀하시면서 학생이 교회에 오래 머물러 있으면 공부에 지장을 받는다고 하셨다.

그런 염려는 중고등부의 학생회장을 뽑는 총회 때가 되면 더욱 두드러지게 나타났다. 내 친구들이나 후배들 모두 부모님이 집사님, 권사님이시고 심지어 장로님도 계셨다.

그렇지만 모두들 당신들의 자녀가 학생회 임원으로 뽑히는 것을 좋아하지 않으셨다. 이유는 오로지 하나, 학생회 임원이 되어 교회에 열심히 다니면 학교성적이 떨어진다는 것이었다.

그런 모습을 보며 몇몇 동기들과 후배들은 굳게 다짐했다. 신앙생활도 열심히 하고 학교생활과 공부도 열심히 하자고 말이다. 그래서 교회생활을 열심히 하면 성적이 떨어져서 좋은 대학에 진학하지 못한다는 어른들의 생각이 잘못되었다는 것을 증명해 보이기로 했다.

그래서 정말 우리는 공부도 열심히 하고 교회생활도 열심히 했다. 모두들 예배에 빠지지 않았고, 토요일에 있었던 성경공부 모임에도 열심히 참석했다. 그리고 나는 평일에도 새벽기도에 열심을 내며 다녔다.

드디어 대학 입학시험을 치르고 그 결과가 나왔을 때, 우리는 적잖이 실망했다. 모두들 기대보다 성적이 낮게 나왔기 때문이었다. 아무래도 교회활동을 너무 많이 한 것이 이유인 것 같았다. 다른 친구들에 비해 많은 시간을 교회에서 보냈기 때문이다.

우리는 모두 풀이 죽었고 패잔병같이 교회 어른들 앞에서 머리를 들지 못했다. 부모님들과 교회의 어른들이 손가락질하며 꼭 이렇게 말씀하시는 것 같았다.

'꼴 좋~다! 만날 교회에서 살더니 성적들이 형편없구나! 그래서 대학을 가겠어?'

'만날 교회에서 살더니… 교회가 밥 먹여주냐?'

우리는 할 말이 없었다. 결국 친구들과 후배들은 평소 가고 싶었던 대학이나 학과보다는 조금 낮은 곳으로 하향 지원하여 진학하게 되었다.

당시 인기가 높았던 경영대학에 들어가려던 친구는 인기 없는 중국어를 택하게 되었고, 영문학을 선택하려던 친구는 베트남어를 선택했다. 당시는 베트남이라는 나라가 베트남전쟁 때문에 없어지는 바람에 베트남어를 공부해도 쓸모가 없던 때였다. 다른 친구들도 상황이 비슷했다. 물론 재수를 선택한 친구도 있었다.

그렇게 대학에 진학한 우리들은 유쾌하지 못한 대학생활을 시작하게 되었다. 그러나 우리의 신앙만큼은 변하지 않았다. 교회생활을 열심히 해도 세상 사람들이 부러워할 만한 좋은 대학에 갈 수 있다는 것을 증명해 보이지 못한 것이 분할 뿐, 하나님과 우리 자신을 원망하지는 않았다.

우리는 최선을 다했고 하나님께서 우리 길을 인도하실 것이라는 믿음이 있었기 때문이다. 그래서 우리는 조금 눈치는 보였지만 더욱 열심히 교회생활을 했다.

● 중국의 개방정책은 1978년부터 시작되었으나 본격적으로 외국 기업들이 들어가기 시작한 것은 1980년대 후반부터이다. 이제 중국 도시에서 외국 기업의 광고를 보는 것은 어렵지 않은 일이다.

• 1960년부터 시작된 2차 베트남전쟁은 1975년 베트남의 패전으로 끝났고 결국 베트남은 공산국이 되었다. 베트남전쟁에 참전했던 한국은 공산화된 베트남과 국교가 단절되었다가 1992년에 다시 수교했다. 현재 한국의 기업들이 베트남에 많이 진출하고 있다.

   시간이 꽤 흘러 어느덧 남자들은 군대에 갔다 오고 학교도 졸업하게 되었다. 고등학교를 졸업한 지 10년 정도 흘렀을까? 그때부터 세상에는 이상한 일이 벌어지고 있었다.

   죽의 장막이라고 불리던 중공(中共, 중국의 옛 이름)이 개방정책을 내세우며 서방세계를 향해 문을 열기 시작한 것이다. 뿐만 아니라 베트남과 한국이 국교를 수립하며 한국의 기업들이 중국과 베트남으로 들어가기 시작했다. 문제는 언어였다. 당시만 해도 중국어나 베트남어를 할 수 있는 전공자가 많지 않았기 때문이다.

   그때 나는 인기 있었던 경영학이나 영문학을 공부한 사람들이 평범한 직장에 들어가 직장생활을 하던 때에 우리 친구들과 후배들은 높은 몸값을 받으며 대기업에서 모셔가는 것을 보게 되었다. 분명 대학에 들어갈 때는 변두리였는데 졸업할 때가 되니 친구들이 서 있는 자리가 세상의 중심이 되어 있었다.

나는 지금도 고백한다. 좀 우스운 얘기일지 모르겠지만 나는 정말 그렇게 믿고 싶다. 서방세계에 대해 쇄국정책으로 빗장을 걸어 잠갔던 중국이 무슨 영문인지 문호를 개방하고, 공산화되어 없어졌던 나라 베트남이 서방 세계와 수교를 시작한 것은 전적으로 내 친구들을 살리시고 그들을 세상의 중심에 올려놓으시려는 하나님의 계획이었다고 말이다.

이와 같은 생각을 사람들에게 말하면 세상 사람들은 웃을 것이다. 그것은 국제정치의 영역이고 세계 역사의 큰 흐름 속에서 일어난 변화이지 개인을 위한 변화라는 것은 말도 안 된다고 할 것이다. 그러면서 나에게 무식한 사람이라고 손가락질할 수도 있다.

하지만 사람들이 무식하다고 해도 나는 지금도 그렇게 믿고 있다. 하나님은 하나님을 믿고 따르는 하나님의 자녀들을 위하여 세상의 정치와 경제와 역사까지도 얼마든지 바꾸실 수 있다는 것을 말이다. 즉, 하나님은 우리가 서 있는 곳을 세상의 중심으로 만드시는 분이다.

그런데 더욱 중요한 것이 있다. 그것은 내 친구들이 보여준 삶의 자세다. 하나님께서 혹 중국과 베트남을 우리가 살아 있는 동안 개방하지 않으셨다 할지라도 우리는 대학에 실패했을 때와 같이 낙심하지도, 하나님을 결코 버리지도 않았을 것이다.

왜냐하면 하나님께서는 언제나 우리를 선한 길로 인도하신다는 것을 조금도 의심하지 않기 때문이다. 하나님은 우리가 서 있는 그곳을 언제나 세상의 중심으로 만드실 수 있는 분이심을 믿기 때문이다.

세상 사람들은 세상의 중심에 서든지 세상의 중심에 서 있는 사람과 함께 있는 것을 성공이라고 말한다. 세상의 중심에서 밀려나 변두리로 나가게 되면 실패했다고 말한다.

그러나 하나님은 그렇게 말씀하시지 않는다. 하나님은 세상의 중심에 서 있는 것이 성공이라고 말씀하시지 않고, 우리가 서 있는 그곳을 세상의 중심으로 만들어주겠다고 하신다. 따라서 우리는 세상의 중심이 되기 위해 애쓰기보다 하나님의 말씀을 따르는 일에 더욱 애쓸 필요가 있다.

하나님을 믿으며 그분의 말씀 안에서 자신의 일을 성실하게 해 나갈 때, 그 길이 비록 세상에서는 변두리의 일이 될 수도 있고 주목받지 못하는 하찮은 일이라 할지라도 하나님께서는 그 사람이 서 있는 곳을 얼마든지 세상의 중심으로 만드실 수 있기 때문이다. 그러므로 진정한 성공이 무엇인지를 깨달아야 한다.

> 내가 서 있는 곳을 하나님께서 세상의 중심으로 만들어주시는 것, 그것이 진정한 성공이다.

- 하나님은 세상의 중심에 서 있는 것이 성공이라고 말씀하시지 않고, 우리가 서 있는 그곳을 세상의 중심으로 만들어주겠다고 하신다.

돈과 성공

그런데 성공을 말할 때 한 가지 풀어야 할 고민거리가 있다. 그것은 바로 돈이다.

우리나라 사람들뿐 아니라 세상 사람들은 돈 많이 버는 것을 성공이라고 생각하는 경향이 있다. 자본주의 사회에서 나타나는 지극히 당연한 성공의 기준이다. 그래서인지 우리나라 사람들이 제일 부러워하는 사람이 빌 게이츠라고 한다.

2011년 벽두에 모 일간지에서 대한민국 사람들의 의식을 조사한 설문 결과를 발표했는데 이 세상에서 가장 행복한 사람이 누구냐는 질문에 많은 사람들이 빌 게이츠를 꼽았다. 참고로 다른 나라 사람들이 행복한 사람으로 가장 많이 꼽은 것은 바로 자기 자신이었다.

그렇다면 유독 우리나라 사람들이 빌 게이츠가 가장 행복할 것이라고 응답한 까닭은 무엇일까? 바로 '돈' 때문이다. 돈이 많으니 행복할 것이라는 생각이다.

내게도 돈이 풍족하게 있으면 행복할 것이라는 생각이요, 반대로 내가 지금의 여러 가지 어려움 속에서 불행하게 사는 것은 모두 돈을 넉넉하게 갖고 있지 못하기 때문이라고 여기는 것이다. 한마디로 돈의 많고 적음이 행복과 불행을 나눈다고 생각하는 것이다.

같은 이유로 대부분의 사람들이 갖는 성공의 기준 역시 돈이다. 사람들은 돈을 갖고 싶어 한다. 그래서 어떻게든 돈을 많이 벌고 싶어 한다. 돈을 많이 벌면 성공했다고 말한다.

청소년이나 청년들이 직업을 선택하는 기준도 많은 부분이 돈과 연결된다. 연봉이 높으면 좋은 직장이라고 생각하고 또 성공했다고 보는 것이다.

생텍쥐페리의 『어린 왕자』를 보면 이해할 수 없는 어른들이 나오는데 우리 사회의 모습과 매우 흡사하다. 어른들은 자녀들이 친구를 사귀면 그 친구가 어떤 취미를 갖고 있고 무엇에 관심이 있는지를 묻지 않고 그 친구의 부모님은 무엇을 하는 사람이며 그 집은 얼마나 큰지를 묻는다는 것이다.

사람의 판단 기준이 돈과 소유에 국한되어 있는 것을 꼬집는 내용이다. 1943년에 프랑스에서 발표된 동화이지만 오늘날 우리 사회의 모든 분야에서 볼 수 있는 모습이다.

• 1943년에 발표되어 전 세계인의 사랑을 받은 동화 『어린 왕자』의 캐릭터. 프랑스의 공군전투기 조종사였던 생텍쥐페리가 쓴 어른을 위한 동화로, 발간되자마자 큰 인기를 끌었다. 현재 160여 개 언어로 번역되어 1억 부 이상 팔렸을 뿐 아니라 오늘날에도 널리 사랑받는 생텍쥐페리의 『어린 왕자』는 책을 읽는 사람들의 통과의례와도 같다. 하늘을 사랑했고 하늘에서 사라져간 생텍쥐페리는 지금도 많은 이들의 마음속에 살아 있다.
(문학동네 제공)

따지고 보면 신앙생활을 하면서도 축복을 생각할 때, 우리는 대부분 돈을 떠올린다. 사업이 잘되어 돈을 많이 벌면 축복받은 것이라 생각하고, 사업이 부도가 나거나 병이 들어 돈을 많이 잃게 되면 축복과 거리가 먼 것이라고 생각한다. 오로지 돈의 많고 적음에 삶의 질을 대입한다.

그러나 돈이 우리에게 꼭 행복을 가져다주는 것은 아니다. 돈은 우리의 삶을 조금 편리하게 해줄 수는 있어도 우리를 행복하게 해주지는 못한다. 오히려 돈에 대한 과도한 집착이나 돈이면 뭐든지 다 할 수 있다고 생각하는 물질만능주의는 사회를 그르치고 많은 사람을 불행하게 만든다.

악한 돈, 선한 돈

미국 중부 일리노이 주 시카고 시에는 명문 시카고대학교(The University of Chicago)가 있다. 이 대학은 인류역사에 학문적 기여도가 큰 연구대학으로 미국 동부의 하버드대학교, 서부의 스탠퍼드대학교와 항상 순위를 경쟁하는 대학이다.

시카고대학은 1857년에 세워졌지만 1886년 학교가 재정난에

허덕이며 폐쇄되자 당시 미국에서 제일 부자였던 실업가 록펠러 (John Davison Rockefeller, 1839~1937)가 큰돈을 기부하여 새롭게 개교를 하게 되었다.

그런데 학교의 이름이 문제가 되었다. 다시 개교를 할 수 있을 만큼 거액을 기부한 록펠러의 이름을 학교 이름으로 정하려는 움직임이 있었던 것이다. 이름하여 록펠러대학교.

그러나 학교 당국은 고민에 고민을 거듭한 끝에 학교의 이름을 원래대로 시카고대학교로 정했다. 이유는 록펠러가 엄청난 거액의 돈을 기부하여 학교 문을 다시 열 수 있도록 도움은 주었지만 당시 록펠러는 많은 사람들이 혐오하던 인물이었기 때문이었다.

그는 당시 사람들에게서 '강도귀족'(Robber Barons)이라는 칭호를 듣고 있던 인물이었다. 자칫 학교 이름을 록펠러대학교라고 지으면 이름 때문에 학교의 문을 다시 닫아야 할 수도 있다고 생각했던 것이다.

그랬다. 록펠러는 큰 부자였지만 사람들에게 인정을 받지 못했다. 자산 가치가 지금의 세계 최고 부자라고 하는 빌 게이츠의 세 배를 넘는다 하니 가히 역사적으로도 엄청난 부자임에는 틀림이 없다.

그러나 그는 사람들에게 존경받지 못한 부자였다. 오히려 사람들이 혐오하는 인물이었다. 그는 젊어서 석유사업을 하면서 교묘하게 다른 사업자가 석유 사업에 뛰어들지 못하게 하여 전국 석유 유통의 95퍼센트 이상을 독점했다.

필요하면 정치인들을 회유하여 법으로 자신의 회사인 스탠더드 오일(Standard Oil Co.)이 석유 유통을 독점할 수 있도록 했다. 피도 눈물도 없이 다른 석유 회사들을 망하게 하여 기업을 흡수 통합하였고, 종업원이나 노동자들의 생명을 조금도 귀하게 생각하지 않았다.

돈이 되는 일이라면 무엇이든지 하는 악덕 기업의 전형을 보여주었다. 특히 록펠러는 살인적인 노동력 착취와 저임금으로도 악명이 높았다.

한번은 록펠러가 경영하던 콜로라도의 광산에서 가혹한 노동력 착취를 견디지 못한 1,200명의 노동자와 가족들이 록펠러에게 항의하며 파업을 했다. 그런데 파업을 하고 쟁의를 하는 노동자들에게 록펠러는 콜로라도 주의 군인인 민병대의 투입을 요청하여 시위 진압을 이유로 기관총을 쏴 40여 명이 죽고 300여 명을 다치게 했다.

1913년에 일어난 이 '러드로의 학살'(Ludlow Massacre)은 지금도 록펠러가(家)의 큰 오점으로 남아 있다.

그렇게 해서 돈을 벌었기 때문에 사람들은 록펠러를 싫어하는 차원을 넘어 혐오하였던 것이다. 록펠러가 인생 후반부에 많은 변화를 받아 거액을 기부하면서 자선사업에 힘썼지만 그에 대한 나쁜 인식을 바꾸기에는 한계가 있었다.

그가 많은 돈을 기부하고 있을 때 당시 미국의 루즈벨트 대통령은 록펠러에 대하여 "그 부(富)를 가지고 얼마나 많은 선행을 하든지 간에 그 부를 쌓으며 저지른 악행을 보상할 수는 없다."고 말할 정도였다.

록펠러는 몇 번의 특별한 체험을 하면서 돈만 벌기 위해 달려온 자신의 삶을 바꾸게 된다. 인생의 후반부, 자신이 벌었던 돈의 많은 부분을 기부해 록펠러 재단을 만들고 가난하고 어려운 사람들을 돕기 시작했다.

오늘날 많은 사람들이 록펠러를 그나마 존경하는 이유는 많은

• 미국의 사업가이자 미국의 석유왕으로 불린 록펠러. 그는 미국 역사상 최고 부자로 꼽히는 인물로서 록펠러 재단을 세워 병원·의학 연구소·교회·학교 등의 문화 사업에 전념했다.

돈을 기부했기 때문이 아니라 그가 삶의 소중한 부분을 깨닫고 삶의 자세를 바꾸었기 때문이다. 돈을 벌기 위해 무슨 일이든 했던 록펠러는 사람들의 증오를 받았지만, 주변을 돌아보고 이웃의 아픔을 안아주었던 록펠러는 존경을 받게 되었던 것이다.

돈이 다 좋은 것은 아니며 언제나 선한 것도 아니다. 돈은 어떤 손에 의해 모아졌고 어떤 손에 의해 쓰이느냐에 따라 그 가치가 달라진다. 따라서 돈은 그 자체로 성공이 될 수 없다. 단지 돈이 많다고, 돈을 많이 벌었다고, 돈을 많이 소유하고 있다고 그 인생이 성공한 것은 절대 아니다.

물론 돈은 사람들이 살아가는 데 있어서 매우 중요하고 유익한 것이지만, 오히려 사람들을 잘못된 욕심과 그릇된 길로 빠뜨리기도 한다. 돈이 많으면 인간의 삶의 질이 높아질 수 있을 것이라 생각하지만 오히려 돈 때문에 인간성을 상실하는 피폐한 삶을 살아가는 경우가 훨씬 더 많다.

진정한 성공!

성공이란 자신이 하고 싶은 일을 하는 것이다. 그리고 그 일에 최선을 다하는 것이다. 누구나 자신의 직업을 선택할 수 있다. 교육계를 선택할 수도, 의료계를 선택할 수도 있다. 예술계, 정치계, 경제계, 문화계, 연예계나 스포츠계를 선택할 수도 있다. 그리고 나처럼 종교계를 선택할 수도 있다.

그런데 많은 현대인, 특히 기성세대는 오로지 그 선택의 기준을 하나로 보는 경향이 있다. 그것은 돈이다. 얼마나 돈을 벌 수 있느냐가 매우 중요한 기준이 되는 것이다.

그래서 많은 젊은이들이 직업이나 직장을 선택할 때 자신의 성향이나 꿈을 기준으로 삼기보다 연봉을 얼마나 많이 받느냐를 따지는 경우가 많다. 그리고 연봉의 랭킹이 바로 좋은 직업의 랭킹이라고 생각한다.

그러나 그런 사고방식으로는 절대 성공적인 삶을 살 수도, 행복을 누릴 수도 없다. 돈이 좀 있으면 편안한 삶을 살 수는 있겠지만 진정한 성공을 누리지는 못한다.

하나님은 우리보다 더 우리가 성공하기를 바라신다. 그것은 자녀가 잘살기 바라는 부모님의 마음과도 같다. 하나님은 우리의 아버지가 되시기 때문이다. 또한 하나님은 우리 각자에게 가장 잘 어울리는 인생의 계획을 갖고 계신다. 우리가 이 땅에 태어나기 전에 이미 하나님께서 그 계획을 갖고 계시다고 했다.

> 그러나 내 어머니의 태로부터 나를 택정하시고 그의 은혜로 나를 부르신 이가(갈 1:15)

하나님은 우리가 하나님이 계획하신 그 길을 걷기 바라신다. 그리고 그 길을 잘 찾아 걸을 수 있도록 재능을 주셨다. 그러므로 우리는 우리의 재능이 무엇인지, 그 일을 남들보다 잘할 수 있는지, 또 보람되고 기쁜지 그리고 그 일을 통해 하나님을 기쁘시게 할 수 있는지 알아가야 한다.

성공이란 하나님께서 나를 위해 준비하신 계획과 나의 계획이 일치하는 것을 말한다.

너를 응원해

"난, 이제 끝이야. 어떡하면 좋지?"
실패도 하나님께서 책임지신다

5　Failure

실패, 두렵지 않다

Failure

실패도 하나님께서 책임지신다

/

인생의 반복되는 실패 속에서 잊지 말아야 할
가장 중요한 것이 있다. 그것은 하나님께
우리의 어려움을 알리는 것이다.
요셉도, 모세도, 바울도 그리고 링컨도
계속되는 실패 속에서 그것만은 잊지 않았다.
실패는 우리를 더 행복하게 만들어주는 관문이다.

화이트아웃의 위험성

화이트아웃(whiteout)이라는 말이 있다. 남극에서 일어나는 기상 현상으로, 햇빛이 구름 위와 구름 아래의 설원, 설산에서 동시에 난반사되어 물체의 그늘이 없어지는 것을 일컫는 말이다.

화이트아웃이 일어나는 상황에서는 빛만 있고 그림자가 없기 때문에 사람이나 동물들이 방향과 거리를 전혀 못 느끼게 된다. 형체를 구별하지 못하는 것에서 오는 현상이다.

그럴 때 밖에 나가면 반드시 사고가 나거나 길을 잃게 된다고 한다. 그래서 남극의 연구원들은 화이트아웃이 일어날 때 꼭 연구실을 비롯한 실내에서만 생활한다고 한다.

우리 인생도 마찬가지다. 그늘이 있어야 그 굴곡이 부각되어 형체가 나타나는 것 같이, 그늘은 사물을 사물로 인식할 수 있게 만들어준다. 그늘이 있기에 사물이 돋보이는 것이다. 이와 같이 그늘이 쓸모없는 것이 아니듯, 인생의 슬픔도 모두 나쁜 것이 아니다.

고난도 모두 버려야 할 것이 아니다. 화를 거쳐야 복을 깨닫고 괴로움을 겪어야 기쁨을 맛볼 수 있다. 실패가 있어야 성공이 돋보이고 가난의 경험이 있어야 넉넉함의 감사가 느껴지는 것이다.

우리는 자꾸 실패를 감추려고만 한다. 유교적 문화에 익숙한 우리나라 사람들은 체면 때문에 자신이 실패한 경험과 좋지 않은 면들을 감추려 하는 경향이 많다.

그러나 서양 사람들은 꼭 그렇게 생각하지 않는다. 오히려 서양의 문화는 자신의 실패를 또 다른 경쟁력으로 생각하는 경우가 많다. 왜냐하면 그들은 실패의 가치를 알기 때문이다.

실패 덕분에?

1974년에 있었던 영국의 에드워드 히드와 당시 윌슨 총리와의 치열한 선거전은 매우 유명하다. 모두들 에드워드가 윌슨을 이기지 못할 거라고 여겼다. 에드워드의 출신이 좋지 않았기 때문이다. 그러나 결과는 달랐다. 에드워드는 총리였던 윌슨을 압도적으로 물리치고 영국의 총리가 되었다.

그는 선거에서 자신의 어려웠던 과거를 감추지 않았다. 증조부는 등대지기였고 조부는 철도원이었다. 아버지는 목수였고 어머니는 가정부 출신임을 부끄러워하지 않고 진솔하게 말했다.

그리고 자신이 어려서부터 오랫동안 값싼 셋집에 살았다는 것을 오히려 부각시켰다. 이에 서민들로부터 많은 공감을 얻은 에드워드는 모두의 예상을 깨고 결국 선거에서 이길 수 있었다.

1992년, 미국 대통령 선거에서도 빌 클린턴 후보는 자신의 어려웠던 가정형편을 경쟁력으로 삼았다. 클린턴은 당시 대통령이었던 부시를 누르고 미국의 42대 대통령에 당선되었다.

● 빌 클린턴(1946~). 미국의 42대 대통령으로 아버지 없이 유복자로 태어났다. 그 후 어머니의 재혼으로 의붓아버지의 심한 술주정과 폭력으로 매우 우울한 유년시절을 보냈다. 이는 이혼율 50퍼센트가 넘는 미국에서 많은 사람들의 지지를 받는 중요한 이유가 되었다.

● 버락 오바마(1961~). 미국의 첫 흑인 대통령. 아프리카 케냐인 아버지와 백인 어머니 사이에서 태어났다. 그 후 어머니는 두 번 이혼했고 결혼도 한 번 더 했는데 오바마는 그런 어머니와 회교도였던 두 아버지 밑에서 자랐다. 그가 흑인이라는 것과 회교도 아버지를 두었다는 것은 미국 대통령 선거에서 매우 불리한 단점이었지만 오바마는 그 단점이 오히려 미국의 흑백 사회통합과 국제 사회에서의 종교 갈등을 해결할 수 있는 장점이라고 강조했다.

2008년에도 민주당의 버락 오바마 후보가 공화당의 엘리트 출신 정치인인 존 매케인 후보에게 압도적 승리를 거두었다. 역시 자신의 불행했던 가정사가 오히려 장점이 되어 경쟁력이 되었던 것이다.

이와 같이 우리의 부끄러운 상황이나 실패했던 경험들은 우리를 드러내는 또 다른 장점이 될 수 있다.

예수님이 십자가에서 돌아가신 후 제자들은 각각 흩어졌다. 대부분 자기 고향에 돌아가 갈릴리 바다에서 다시 고기를 잡았지만 그곳에서 제자들은 실패를 경험했다. 고기가 잡히지 않았던 것이다.

세상에 유쾌한 실패가 어디 있겠는가? 분명 제자들도 당시의 실패를 받아들이기 힘들었을 것이다. 왜냐하면 스스로를 고기 잡는 데 전문가라고 생각했기 때문이다.

실제로 베드로는 그 분야의 전문가였고 매우 노련한 어부였다. 또한 밤이 새도록 고기를 잡으려 했던 것을 보면 그날 밤 최선을 다했던 것 같다(눅 5:5). 전문지식을 갖고 최선을 다했음에도 불구하고 겪게 되는 실패는 받아들이기 힘들었다. 노력을 다한 후의 실패는 그만큼 더 쓰고 괴롭기 때문이다.

그러나 실망은 없었다. 인간의 위기는 곧 하나님의 기회였다.

제자들은 예수님의 말씀을 듣게 되었다. 배의 오른쪽으로 그물을 던지라는 말씀에 순종하여 제자들은 그물을 던졌고 그 결과 153마리의 물고기를 잡았다. 그들은 주님을 만나 자신의 삶을 되돌아보고 다시 예수님께로 돌아와 위대한 역사를 쓰게 되었다. 바로 그날 밤, 그들이 경험한 실패가 준 선물이었다.

만약 그들이 자신의 전문성을 의지하여 고기를 잡는 데 성공했다면 어땠을까 생각해보자. 그랬다면 아마도 제자들은 고기를 잡는 옛 생활로 돌아가 평생 별 볼 일 없는 삶을 살게 되었을 것이다. 그럭저럭 먹고 살 수 있었을 테니 말이다.

그러나 그들은 철저하게 실패했다. 아니, 그들의 실패는 실패가 아니었다. 실패가 베드로를 살렸고 실패가 제자들에게 오히려 축복이 되었다.

인간만사새옹지마

중국 고사성어에 '인간만사새옹지마'(人間万事塞翁之馬)라는 말이 있다. 중국 회남자(淮南子) 인간훈편(人間訓編)에 나오는 우화에서 유래된 말이다.

옛 중국 북장 변방의 요새 가까운 곳에 도(道)를 아는 한 노인이 살고 있었다. 그 노인은 말을 한 필 기르고 있었는데 어느 날 그 말이 적지인 호지(胡地)로 도망을 치고 말았다. 이것을 안 이웃 사람들이 몰려와 말을 잃은 이 노인을 위로하자 노인은 이렇게 말했다.
"이것이 복이 될 수도 있지 않겠습니까?"
몇 달이 지난 어느 날, 그 도망간 말이 돌아왔는데, 호지의 준마 한 마리를 데리고 왔다. 이웃 사람들이 이것을 보고 찾아와서 축하하자, 이번에는 노인이 이렇게 말했다.
"이것이 화가 될 수도 있지 않겠습니까?"
그러던 어느 날 그 노인의 아들이 새 말을 길들인다고 말을 타다가 그만 말에서 떨어져 다리가 부러졌다. 이웃 사람들이 또 달려와 위로했다. 그러나 그때도 노인은 여전히 태연하게 말했다.
"이것이 복이 될 수도 있지 않겠습니까?"
그 일이 있은 지 1년 후, 호지 사람들이 대거 침공하여 전쟁이 일어났다. 그래서 그 일대의 청년들이 다 징집되었고 너무도 치열한 전쟁 탓에 전장에 나갔던 군인들이 거의 다 죽고 말았다. 그러나 그 노인의 아들은 다리가 부러져 한쪽 다리를 못 쓰게 된 덕분에 징집대상에서 제외되어 목숨을 보존할 수 있었다.

무슨 이야기인가? 인간의 행복과 불행은 예측할 수 없으므로 행복이라고 생각했던 것이 불행이 되기도 하고, 화라고 생각했던 것이 복이 되기도 한다는 뜻이다. 즉, 사람이 당하는 모든 일을 함부로 가볍게 평가해서는 안 된다는 교훈이다.

피할 수 없는 실패

그러나 사람들이 힘들어하는 것은 실패가 계속될 때이다. 열심히 노력한 후에 겪는 반복되는 실패에 모든 사람이 낙심한다. 한 번은 참을 수 있고 또 인생에 유익을 주는 교훈을 얻었다고 좋게 생각할 수도 있지만, 열심히 노력한 후에 얻는 계속되는 실패는 우리의 의욕을 모두 앗아가버리고 만다.

그러나 실패가 반복되더라도 낙심하지 말아야 하는 이유가 있다. 계속되는 실패와 좌절이 우리 인생을 반드시 실패로 몰고 가지는 않기 때문이다.

다시 요셉의 경우를 생각해보자. 요셉은 17세 때 형들의 손에 의해 사막의 구덩이에 던져졌다. 그리고 이스마엘 대상들에게 은 20에 팔려 이집트로 가게 되었다. 이것이 요셉의 첫 번째 좌절이다.

그러나 요셉은 다시 일어섰다. 이집트의 군대장관 보디발의 집으로 팔려간 요셉은 그곳에서 성실하고 정직하게 일했다. 오랜 시간 요셉을 눈여겨본 주인 보디발은 결국 그의 성실함을 인정하게 되었고 그를 하나님의 사람이라 칭찬하며 집안 전체의 일을 돌보는 총무로 삼았다. 실로 통쾌한 삶의 반전이 아닐 수 없다. 요셉 생애의 첫 행복이었다.

그러나 그것도 잠시, 어떻게 쌓아 올린 공든 탑인데, 어떤 값을 치르고 얻게 된 자리인데, 다시금 사람같이 살아볼 수 있는 그런 기회였는데, 그만 그의 주인 보디발의 아내의 욕정으로 그의 삶은 한순간에 다시 무너지고 말았다.

강간미수라는 엄청난 누명을 쓰고 중죄인들만 따로 수감되는 왕의 감옥에 갇히게 되었다. 이것은 요셉의 두 번째 좌절이다. 모든 것이 끝난 것이나 다름없었다. 일말의 재기의 가능성이 보이지 않는 완전한 좌절이었다. 이제 반전의 가능성은 없어 보였다. 그는 그저 그 감옥에서 죽음을 기다려야 하는 신세가 된 것이다.

그러나 그는 오랜 감옥생활 속에서도 자신의 삶을 포기하지 않고 성실한 자세로 하루하루를 보냈다. 얼마나 성실하게 살았던지 감옥의 최고 책임자가 요셉에게 그 감옥의 모든 잡일을 맡기게 되어 급기야 요셉은 그 감옥의 책임자가 되었다.

다시금 요셉에게 희망이 비치는 듯했다. 결국 꿈꾸는 자 요셉은 꿈의 해몽자가 되어 그 감옥에 있었던 왕의 술 맡은 자의 이상한 꿈을 해석해 그의 복직을 예언했다. 그 예언은 그대로 들어맞았고 왕의 술 맡은 관원은 다시금 왕궁으로 돌아가게 되었다.

이때 요셉은 그에게 자신의 인간적인 어려움을 간절히 호소했다. 늘 왕의 곁에서 일하는 술 맡은 사람이 요셉에 대하여 왕에게 얘기라도 해준다면 요셉은 당장 감옥에서 나갈 수 있을 거라고 생각했던 것이다. 그때부터 요셉은 잘 하면 왕의 명령으로 감옥에서 나갈 수 있을 것이라는 희망을 갖게 되었다. 오랜 감옥생활을 한 요셉으로서는 이번 기회야말로 생의 마지막 기회라고 보았던 것이다.

그러나 그토록 간절한 부탁에도 불구하고 술 맡은 관원은 복직이 된 후 요셉을 까맣게 잊고 말았다. 이제 곧 나갈 수 있을 것이란 희망을 가진 후에도 계속된 2년의 감옥생활, 이는 또 다른 차원의 좌절이다. 처참한 절망이다.

술 맡은 관원의 한마디 말만 있으면 요셉은 감옥에서 나갈 수 있었다. 그런데 그 유일한 탈출구이자 복직될 수 있는 절호의 기회가 날아갔다. 결국 돌아오지 않는 메아리를 기다리며 요셉은 또 2년을 감옥에서 보내게 되었다. 이것이 요셉의 세 번째 좌절이다.

마지막으로 품었던 희망마저 사라지는 것은 인간에게 마치 죽음과도 같다. 그런데 요셉은 그러한 절망을 또다시 맛본 것이다. 요셉은 계속해서 세 번의 실패를 경험했다. 그것도 죽음을 느낄 만한 실패였으며 연속된 고난이었다. 그는 좌절했지만 그렇게 인생을 끝내지 않았다. 다행히도 그는 실패할 수밖에 없는 결정적인 실수를 하지 않았다.

모세도 반복되는 실패 속에서 일어선 사람이었다. 그는 당시 강대국 이집트의 왕자로서의 생활을 누렸음에도 불구하고 실수로 사람을 죽인 후 왕궁에서 도망쳐 광야에서 40년을 야인으로 보냈다.

다시 이스라엘의 지도자가 되어 돌아오지만 이집트 군대의 추격으로 홍해 앞에서 목숨을 잃을 뻔했고, 연속되는 광야의 고난 속에서 이스라엘 백성의 원망을 한 몸에 받았다. 일생 동안 그에게는 성취의 기쁨보다 실패의 아픔이 더 많았다. 그러나 모세는 한 가지 잃지 않은 것이 있었다.

바울도 고난의 길을 걸었던 인물이다. 죽도록 매를 맞고 버려지기도 했으며, 감옥에 갇히기도 여러 번 했다. 고린도교회 교인들에게 배척을 받아 마음고생을 했으며 태풍을 만나 바다에서 죽을 뻔하기도 한 입지적인 사람이었다.

목숨이 몇 개라도 모자랐을, 롤러코스터 같은 삶을 산 사람이었다. 그러나 바울도 그와 같이 모든 것을 잃는 상황에서 한 가지 잃지 않은 것이 있었다.

링컨은 24세 때 주 의회 선거에서 낙선했다. 25세 때는 사업에 손을 댔다가 파산하여 이후 17년간이나 고생을 했다. 26세 때는 약혼자가 갑작스레 사망했고 28세 때는 본인이 신경쇠약에 걸려 입원까지 했다. 30세 때는 주 의회 의장직 선거에서 패하였고 32세 때는 정부통령 선거위원에 출마했으나 패배했다.

● 에이브러햄 링컨(1809~1865). 미국의 16대 대통령으로 27번의 큰 실패를 경험했다. 그러나 그는 실패를 경험할수록 오히려 강인하고 겸손해져 대통령이 된 후 노예 해방과 같은 약한 자와 좌절한 자들을 보호하는 위대한 업적을 세웠다.

그는 35세 때는 하원의원 선거에서 낙선하였고 36세 때는 하원의원 공천에서 탈락되었다. 40세 때는 하원의원 재선거에서 낙선하였고 48세에는 부통령 후보 지명전에서 100표 차이로 또다시 낙선했다.

50세 때는 상원의원에 출마하여 낙선하였는데 당시 그의 친구들은 링컨 주변에 있는 모든 칼과 면도날을 다 치워버렸다고 한다. 계속된 실패로 인해 링컨이 충격을 받아 충동적인 행동을 하지 않을까 걱정했기 때문이다.

그러나 링컨은 다시 일어섰다. 그리고 52세에 미국 대통령 선거에서 승리하여 16대 대통령이 되었다. 반복되는 실패 속에서 많은 것을 잃었지만 한 가지 잃지 않은 것이 있었기 때문이다.

실패를 축복으로 바꾸려면

● 세계적인 축구클럽 맨체스터 유나이티드가 있는 영국의 맨체스터는 축구도시로 유명하다. 골프, 폴로경기와 같은 귀족운동에 반해 노동자가 많이 살았던 공업도시 맨체스터에서는 축구가 발전했기 때문이다. 당시 축구는 산업혁명의 주역인 노동자들과 함께 성장한 대표적인 서민 운동이었다.

18세기 영국 맨체스터의 쿼리뱅크 방직공장에서 있었던 일이다. 맨체스터 지역은 오래전 박지성 선수가 소속되어 있었던 세계적인 축구클럽 맨체스터 유나이티드로 유명하지만 원래는 영국 섬유산업의 중심지였다.

16세기 산업혁명을 통해 맨체스터와 인근 항구도시 리버풀에는 많은 공장이 세워졌고 맨체스터에는 대형 방직공장들이 생겨났다.

많은 젊은이들이 방직공장에 취직하기 위해 몰려들 때, 당시 가장 큰 공장이었던 쿼리뱅크 방직공장에서는 새로 들어온 근로자들에게 중요한 규칙을 하나 주입시켰다. 그것은 생산 라인에서 어떤 형태로든 기계가 고장나면 신속하게 공장장에게 알려야 한다는 것이었다.

방직공장 기계의 특성상 한 라인이 고장날 경우 연속해서 다른 라인까지 멈추게 되어 자칫 큰 사고가 날 가능성이 있기 때문에 아무리 작은 문제라도 언제나 신속하게 공장장에게 보고하여 해결해야 했다.

● 산업혁명으로 인한 산업사회의 대표적인 모습인 영국의 방직공장 내부

어느 날, 신입사원이 담당하는 라인에 실이 한 줄 엉켰다. 그런데 그는 아무리 작은 사고라도 공장장에게 신속하게 알려야 하는 근무규칙을 무시해버렸다. 그는 실 하나 엉킨 정도는 큰 문제가 아니라고 생각했을 뿐 아니라 자신이 손을 대면 금방 고칠 수 있을 것이라고 여겼다.

그러나 문제는 그렇게 쉽지 않았다. 간단할 것 같았던 기계는 생각보다 복잡했고 점점 더 문제가 커졌다. 그 결과 실은 더욱 심각하게 엉켜버렸고 결국 실 한 올로 시작된 고장은 옆 라인 기계까지 멈추게 하고 말았다. 그는 덜컥 겁이 났다.

어떻게든 문제를 풀어보려고 안간힘을 썼다. 그런데 힘을 쓰면 쓸수록 기계와 실은 계속 엉키기만 했다. 결국 자신의 힘으로 도저히 해결할 수 없다고 생각했을 때는 이미 공장의 모든 기계가 멈춰선 후였다.

마침내 공장장이 불같이 화를 내며 신입사원 앞으로 뛰어왔다. 그리고 오자마자 큰소리로 신입사원을 야단쳤다.

"왜 처음부터 나에게 알리지 않았나? 왜 규정을 어겼어?"

겁에 질린 신입사원은 땀으로 범벅이 된 얼굴을 기름이 묻은 시커먼 손으로 닦으며 말했다.

"공장장님, 저는 최선을 다했습니다."

그러나 공장장은 더욱 화를 내며 말했다.

"최선을 다했다고? 아니야, 너는 최선을 다하지 않았어. 이 상황에서 너의 최선은 공장장인 나에게 빨리 알리는 것뿐이야!"

인생의 반복되는 실패 속에서 잊지 말아야 할 가장 중요한 것이 있다. 그것은 우리의 공장장 되시는 하나님께 우리의 어려움을 알리는 것이다. 요셉도, 모세도, 바울도 그리고 링컨도 계속되는 실패 속에서 그것만은 잊지 않았다.

　실패란 무엇일까? 세상 사람들은 모든 것을 잃는 것을 실패라고 이야기한다. 올라가지 못하고 내려가는 것이라고도 한다. 중심에 서지 못하고 변두리로 밀리는 것이라고 한다.
　그러나 하나님은 그렇게 말씀하시지 않는다. 실패는 '우리의 아버지 되시는 하나님께 돌아가지 않는 것'을 말한다. '우리의 실수를 하나님께 보고하지 않는 것'을 말한다. 다시 말해, 실패 자체가 실패가 아니라 실패를 하나님께 보고하여 새 힘을 얻으려고 하지 않는 것이 실패인 것이다.
　누구나 실수할 수 있고 실패할 수 있다. 실수와 실패는 그리 유쾌한 것이 아니다. 그러나 실패에는 유익이 있다. 실패를 통하여 자신의 연약함을 깨닫고 하나님의 힘을 의지한다면 그 사람은 실패를 통하여 보다 성공적인 삶을 살게 될 것이다. 그래서 실패는 우리를 더 행복하게 만들어주는 관문이다.

진정한 실패는 하나님께 돌아가지 않는 것이다.

● 실패는 '우리의 아버지 되시는 하나님께 돌아가지 않는 것'을 말한다.

"도대체 왜 이런 일들이 생기는 거야!"
인생의 항해에도 내비게이션이 필요하다

6
Navigation

인생의 내비게이션을 따르라

Navigation
인생의 항해에도 내비게이션이 필요하다

/

우리 인생의 항해에 있어서 가장 중요한 삶의 자세가 있다.
그것은 그 항해의 운전자가 누구냐 하는 것이다.
거친 풍랑을 헤쳐 나가는 것 같은 인생의 여정에는
많은 위험이 있게 마련이다. 거센 풍랑도 만날 것이고
폭풍우도 맞이할 것이다.
그럴 때 우리가 가져야 하는 자세는 오직 하나다.
배의 키를 전문가에게 맡기는 것이다.

감옥에서 보낸 생일 선물

대학에 다닐 때, 매우 감명 깊게 읽은 책이 하나 있다. 자와할랄 네루의 『세계사 편력』(『Glimpses of World History』, 1967)이다. 원제를 그대로 번역하면 '세계사 훑어보기'라고 할 수 있을 것이다.

그러나 제목과 달리 그 책은 도저히 훑어볼 수가 없다. 한국어 번역본 기준으로 볼 때 600페이지 분량의 두꺼운 책이 세 권이나 되는 꽤 많은 양의 세계사책이다.

그럼에도 불구하고 내가 그 책을 특별히 좋아하는 이유는 내용도 내용이지만 그 책을 저술하게 된 저자의 이야기가 감동적이기 때문이다.

저자인 자와할랄 네루는 영국으로부터 독립한 인도의 초대 총리(1889~1964)로 많이 알려져 있다. 인도의 브라만 혈통 집안에서 태어난 네루는 변호사였던 아버지 모티랄의 영향으로 15세에 영국으로 유학을 떠나 캠브리지 대학에서 자연과학과 법학을 공부했다.

졸업 후 변호사가 된 그는 인도로 돌아와 변호사 활동을 하다가 아버지의 뒤를 이어 간디와 함께 독립운동을 시작했다.

● 자와할랄 네루가 쓴 『세계사 편력』. 네루(1889~1964)는 인도의 독립 운동가 겸 정치가이다. 사회민주주의 성향인 네루는 비폭력 평화주의자인 마하트마 간디와 달리 적극적인 파업으로 독립운동을 했으며 사회적 모순과 불의에 침묵하지 않고 투쟁하는 민중운동가였다. 인도의 독립 이후 초대 인도총리를 역임하였다.

어느 나라나 식민지 국민으로서 점령국을 상대로 독립운동을 한다는 것은 용감하지만 위험한 일이 아닐 수 없다. 그는 1921년, 독립운동으로 인해 감옥에 처음 투옥된 후 인도가 독립하는

1947년까지 아홉 차례나 감옥에 수감되었다.

1930년 말, 그가 나이니 형무소에 있을 때 그의 집에는 이제 열세 살 된 외동딸이 혼자 집을 지키고 있었다. 아내 카말라도 다른 형무소에 수감 중이었기 때문이다. 그해 가을, 네루는 딸아이의 열세 번째 생일을 맞아 선물을 하나 주기로 마음먹었다. 편지로 딸에게 세계의 역사를 가르치고자 한 것이다. 첫 편지의 내용은 이렇게 시작된다.

해마다 생일이 돌아오면 너는 으레 선물이나 축복을 받기 마련이었지. 축복이라면 지금 당장이라도 얼마든지 해줄 수 있단다. 하지만 나이니 형무소에서 내가 무슨 선물을 해줄 수 있겠니. 내 선물은 눈에 보이거나 손으로 만질 수 있는 것은 아니란다. 착한 요정이 네게 줄 수 있는 그런 공기나 정신이나 영혼으로 된 어떤 것, 형무소의 높은 담도 가로막을 수 없는 그런 것을 줄 수밖에 없구나.

이렇게 1931년 1월 1일에 첫 편지를 쓰기 시작한 네루는 1933년 8월 9일 마지막 196번째까지 약 3년간 딸을 위한 편지를 써내려갔다. 그리고 훗날 이 편지들을 모아 책으로 출판한 것이 바로 『세계사 편력』이다.

내가 이 책에 대한 놀라움을 감출 수 없는 이유는, 당시 아무런 참고 문헌도 없던 감옥에서 어떻게 그토록 정확한 시각을 가지고 역사를 서술했는가 하는 점 때문이다. 특별히 한국에 대한 설명을 볼 때 그의 정확한 지식과 역사의식으로 인해 놀라움을 금할 수가 없다.

다음은 1932년 12월 30일에 쓴 118번째 편지 내용 중 일부다.

코리아는 '조용한 아침의 나라'라는 뜻의 '조선'이라는 옛 명칭으로 다시 일컬어지고 있다. 일본은 코리아에서 어느 정도 근대적인 개혁을 실시했으나 한편으로는 한민족의 정신을 가차없이 유린했다.

코리아에서는 오랫동안 독립을 위한 항쟁이 계속되어 여러 차례 폭발했다. 그중 중요한 것은 1919년의 독립만세운동이다. 한민족 특히 청년 남녀은 우세한 적에 맞서 용감히 투쟁했다.

자유를 되찾기 위해 싸우는 한민족의 조직체가 정식으로 독립을 선언하고 일본인에 반항하면 이내 경찰에 밀고되고 모든 행동이 일일이 보고되었다. 그럼에도 불구하고 그들은 이와 같이 자신들의 이상을 위해 희생하고 순국했다.

일본인이 한민족을 억압한 것은 역사상 보기 드문 쓰라린 암흑의 일면이다. 코리아에서는 대학을 갓 졸업한 젊은 여성과 소녀가(유관순 열사를 일컫는 것 같음) 투쟁에서 중요한 역할을 하고 있다는 사실을 안다면 너도 틀림없이 깊은 감동을 받을 것이다.

1931년 1월 1일, 네루는 딸에게 첫 편지를 쓰면서 한 가지 중요한 것을 주문했다. 그러면서 이 특별한 생일 선물을 통해 혼자 집을 지키며 외롭게 살아가고 있는 열세 살의 사랑하는 딸에게 매우 중요한 인생의 목표를 심어주었다.

옛날 세계, 그리고 그 세계에서 활약하던 훌륭한 남녀들에 대해 생각한다는 것은 매우 흥미로운 일이다. 역사를 읽는 것은 즐거운 일이다. 하지만 그보다 더 매력적이고 흥미로운 일은 역사를 만드는 데 참여하는 것이다.

이런 아버지의 정성스런 선물과 가르침을 받은 딸은 잘 성장했다. 그리고 마침내 역사를 공부하는 데 그치지 않고 아버지의 기대대로 역사를 쓰는 인물이 되었다. 그녀가 바로 아버지의 뒤를 이어 인도의 3대 총리가 된 인디라 간디(1917~1984) 여사다.

인생을 살아가는 데 있어서 중요한 것은 목표다. 그리고 목표만큼이나 중요한 것이 '어떻게'라는 삶의 자세다. 그 목표를 이루기 위해 하루하루 어떤 자세로 살아가느냐가 중요한 것이다.

인디라 간디 여사가 인도의 총리가 된 후 자신의 힘을 이용하여 약자를 억압하거나 국민 위에 군림하였다면 '인도의 어머니'라는 별명을 얻지 못했을 것이다. 다행히 그녀는 아버지의 가르침을 잘 받아 삶의 기준을 바르게 세울 수 있었다. 아버지 네루가 딸에게 가르친 삶의 자세 중 하나를 소개한다.

민족과 국가, 그리고 한 인물을 평가할 때, 그가 얼마나 넓은 영토를 가졌는지, 그가 얼마나 강한 권력을 가졌는지로 평가하지 말고 그가 문화 창달을 위해 얼마나 노력했는지, 평화를 위해 무엇을 했는지, 민중의 삶에 얼마나 공헌했는지를 잣대로 삼아야 한다.

2002년, 의료선교를 위해 인도 남부의 도시인 첸나이를 방문했을 때 나는 일부러 몇 명의 인도 사람들에게 자와할랄 네루와 인디라 간디 여사에 대해 질문했다. 정말 인도 사람들이 그들을

● 인도의 첫 총리 자와할랄 네루와 그의 딸로서 아버지의 뒤를 이어 첫 여성총리 자리에 오른 인디라 간디. 1966년부터 1977년, 1980년부터 1984년까지 두 차례에 걸쳐 총리를 역임했다. 그녀가 세상을 보는, 깊이 있는 안목을 갖게 된 것은 1930년부터 3년간 옥중에 있던 아버지가 혼자 있는 딸을 위해 써 보낸 196통의 역사 편지로부터 비롯되었다.

존경하고 있는지, 그들은 인도에서 어떤 의미가 있는 사람들인지 알고 싶었기 때문이다.

나는 인도 사람들이 그들에 대해 얘기할 때마다 마치 몸과 마음의 자세를 바르게 하는 것 같은 인상을 받았다. 사람들이 무엇인가 신성한 얘기를 할 때 마음을 가다듬는 것 같이 말이다. 그들의 말과 눈빛에서 정말 인도인들이 네루와 간디 여사를 사랑하고 있음을 어렵지 않게 읽을 수 있었다.

목표를 바로 세우고 흐트러지지 않는 삶의 자세로 살아갈 때, 사람은 얼마든지 훌륭한 인생을 만들어 나갈 수 있다. 누군가 그 목표를 세워주고 그 길을 포기하지 않도록 힘을 준다면 그의 인생은 그만큼 멋지게 만들어질 수 있다.

자와할랄 네루는 아버지 모티랄의 도움을 받아 인생의 고난을 이겨낼 수 있었으며, 인디라 간디는 아버지 네루의 도움으로 험난한 삶의 여정을 멋지게 극복할 수 있었다.

인생의 풍랑을 잠재우는 법

인생이 무엇이냐고 물을 때 사람들은 한 척의 배가 넓은 바다를 항해하는 것이라고 말하곤 한다. 정확한 표현이다. 인생을 그보다 더 정확하게 표현할 수는 없을 것이다.

그러나 말은 쉬워도 정말 작은 배 한 척으로 넓은 바다를 항해하는 것 같이 인생을 살아가는 것은 그렇게 만만한 일이 아니다. 살다 보면 언제나 잔잔한 바다와 파란 하늘만 있는 것이 아니라 때로는 모진 비바람이 몰아치고 큰 파도가 일어난다. 그런 삶의 바다를 항해하는 것이 인생인 것이다.

그렇다면 그와 같이 비바람이 몰아칠 때, 어떻게 하면 인생의 바다를 안전하게 지날 수 있을까? 그 비결이 바로 성경에 나와 있다.

어느 날 제자들이 예수님보다 먼저 갈릴리 바다를 건너 가버나움이라는 동네로 가고 있었다. 그런데 갑자기 갈릴리 바다에 큰 바람이 불어 배가 몹시 위태롭게 되었다. 어부 출신인 제자들마저 당황하고 있을 때 예수님께서 물 위로 다가오셨다.

물 위로 사람이 걸어오는 것을 본 제자들은 두려워했지만 예수님께서는 두려워하지 말라고 하시며 배에 오르셨고, 그때야 비로소 풍랑이 잔잔해져 목적지인 가버나움까지 안전하게 갈 수 있었다. 바로 요한복음 6장의 이야기다.

저물매 제자들이 바다에 내려가서 배를 타고 바다를 건너 가버나움으로 가는데 이미 어두웠고 예수는 아직 그들에게 오시지 아니하셨더니 큰 바람이 불어 파도가 일어나더라 제자들이 노를 저어 십여 리쯤 가다가 예수께서 바다 위로 걸어 배에 가까이 오심을 보고 두려워하거늘 이르시되 내니 두려워하지 말라 하신대 이에 기뻐서 배로 영접하니 배는 곧 그들이 가려던 땅에 이르렀더라(요 6:16-21).

그저 예수님 당시 어느 순간의 이야기 같지만 여기에는 인생의 큰 교훈이 있다. 이것은 우리 인생의 항해를 단적으로 보여주는 모습이기 때문이다.

우리는 마치 바다를 항해하는 것 같은 인생의 길을 간다. 그리고 그 길을 가다 보면 도처에서 많은 난관들을 만난다. 성경은 그것을 암시적으로 표현한다. "이미 어두웠고", "큰 바람이 불어 파도가 일어나", "두려워하거늘" 그렇다. 우리가 앞으로 헤쳐 나가야 할 인생의 바다는 그리 쉽지 않다. 때로는 어둠이 있고, 큰 풍랑이 일 때도 있으며, 두려움에 떨어야 할 때도 있다. 이런 인생의 난관들에 대해 성경은 다음과 같이 해결책을 제시한다.

이에 기뻐서 배로 영접하니 배는 곧 그들이 가려던 땅에 이르렀더라 (요 6:21).

예수님이 인생을 항해하는 우리 삶에 들어오시면 큰 풍랑은 잠잠해지고 배는 목적지에 안전하게 가게 된다는 것이다.

세상 사람들은 조롱할 것이다. 예수가 배에 타면 정말 풍랑이 잔잔해지냐고 물을 것이다. 예수가 우리 인생의 배에 타면 학교 성적이 오르고 좋은 학교에 진학할 수 있냐고 물을 것이다. 예수가 배에 타면 사업이 잘되고 형통하게 되냐고 물을 것이다. 그리고 비웃을 것이다. 요즘 같은 첨단과학시대를 사는 21세기에 무슨 미신 같은 소리냐고 할 것이다. 비과학적이고 비이성적이라고 말할 것이다. 아직도 그런 종교를 믿느냐고 비아냥거릴 것이다.

그러나 사람은 하나님이 만드셨고 이 세상도 하나님께서 창조하셨기에 하나님의 원리가 가장 정확하고 하나님의 방법이 제일 확실하다.

예수님을 배로 영접했더니 배가 그들이 가려던 땅에 이르렀다는 성경말씀은 이것을 우리 삶에도 적용하라고 하시는 하나님의 분명한 가르침이다. 이 원리는 이성으로 이해될 수 있는 문제도 아니고 과학으로 풀 수 있는 문제도 아니다. 믿음으로만 얻을 수 있는 축복이다.

● 우리 인생의 항해에 있어서 가장 중요한 삶의 자세가 있다.
그것은 그 항해의 운전자가 누구냐 하는 것이다.

보스턴 이글스 팀의 반전

1942년 11월 28일 토요일 오후, 미국의 매사추세츠 주 보스턴 시는 온통 축제 분위기였다. 그날은 그해 대학 풋볼 리그에서 보스턴의 자랑인 보스턴칼리지의 이글스가 전승을 거두며 1위로 확정된 후 마지막 경기를 하는 날이었다.

보스턴 시의 모든 시민은 승승장구하는 이글스의 경기력에 열광했지만, 사실 그날 경기의 관심은 승패가 아닌 전무후무한 전승 우승의 기록을 세울 수 있느냐 없느냐에 있었다.

마지막 경기의 상대는 역시 같은 매사추세츠 주에 있는 홀리크로스칼리지로 그해 리그 중하위권의 팀이었기에 보스턴칼리지의 전승 우승에는 의심의 여지가 없었다.

그해 이글스의 성적이 좋았던 이유를 보스턴 시민들은 좋은 감독과 선수 그리고 뛰어난 작전으로 보았지만 선수들은 달랐다.

대부분의 선수들이 독실한 크리스천이었던 그해, 선수들은 자신들이 운동장에서 뛰는 것은 하나님께 영광을 돌리기 위함이라고 고백하고 매 경기마다 라커룸에서 간절히 기도하며 경기에 성실하게 임했던 것이 좋은 성적을 얻게 된 이유라고 생각했다.

그날도 마찬가지였다. 보스턴 시민들은 전승 우승을 당연하게 여기며 이미 경기 후에 있을 술 파티에 온통 관심을 기울이고 있었지만 선수들은 긴장을 풀지 않았다.

상대 팀이 중하위권의 약체지만 그들은 라커룸에서 이렇게 다짐했다. '우리는 오늘 최강팀하고 싸운다. 그러므로 최선을 다해야 한다.' 그리고 늘 그랬듯이 하나님께 새 힘을 달라고 함께 기도했다. 그렇게 하나님을 의지하며 마침내 선수들은 경기장에 나갔다.

그런데 예상 밖의 일이 벌어졌다. 처음부터 밀리기 시작한 이글스 팀이 초반에 많은 실점을 하고 경기 내내 끌려만 가다가 결국 큰 점수 차로 패하고 만 것이다.

전승 우승은 고사하고 약체 팀에게 크게 패했다는 사실이 관중과 시민들을 엄청난 분노의 도가니로 집어넣었다. 그들은 보스턴 이글스 선수들이 약체 팀과의 경기에 최선을 다하지 않았다고 생각했다.

급기야 흥분한 관중들로 인해 갑자기 경기장 분위기마저 이상해지면서 선수들이 위험해지는 상황이 되었다. 성난 관중들이 선수들에게 해를 끼칠 것 같았기 때문이다.

선수들은 우승이 확정되는 순간이었음에도 불구하고 마지막 경기의 어처구니없는 패배로 인해 우승을 자축할 수 없었다. 오히려 흥분한 관중을 피해 경기장 뒷문으로 도망가다시피하여 집으로 돌아갔다.

집에 돌아간 선수들은 하나님께 원망의 기도를 했다. 관중들이 생각하는 것처럼 상대를 우습게 보거나 최선을 다하지 않은 경기가 절대 아니었기 때문이다. 정말 최선을 다했고 하나님께 기도하며 나갔던 경기였다. 그런데 왜 쉬운 경기에서 큰 점수 차이로 패했는지 알 길이 없었다. 하나님이 원망스러웠다.

● 보스턴칼리지의 풋볼 팀 이글스의 경기 모습. 1942년에 나이트클럽 코코넛 글로우브 화재로 목숨을 잃은 사망자 492명의 유가족들은 말할 수 없는 큰 슬픔을 당했다. 당시 하버드대학의 심리학과 교수인 린더만(Lindermann)과 캐플란(Caplan)은 유족들을 치료하면서 그들의 심리변화를 장기간 연구하여 위기이론(Crisis theory)을 정립하였다.

한편 보스턴 이글스의 전승 우승을 축하하기 위해 술 파티를 계획했던 시내의 호텔과 식당들은 축하가 아닌 분노의 술 파티로 북적거렸다. 술을 좋아하는 사람들은 축하든 분노든 온갖 이유로 술을 마시기 마련이다.

길거리는 술에 취한 사람들로 가득했고 보스턴 시내 전체가 흥청망청 밤이 깊어 갔다. 오직 선수들만 각자의 집에서 쓰라린 밤을 보내고 있었다.

다음 날 아침, 이글스 선수들은 집으로 배달된 신문을 보고 깜짝 놀랐다. 조간신문 1면 기사의 제목은 다음과 같았다.

"나이트클럽 화재와 공포, 잿더미 속에서 시신 492구 발견!!"

그것이 바로 1942년 11월 28일에 있었던 보스턴의 나이트클럽 코코넛 글로우브 화재 대 참사였다.

선수들이 더욱 놀랄 수밖에 없었던 이유는 화재가 난 그 나이트클럽이 전날 보스턴 이글스의 전승 우승을 축하하기 위해 성대한 파티가 열리기로 예약되었던 곳이기 때문이었다. 그날 성난 관중을 피해 선수들이 파티장으로 가지 않고 집으로 돌아간 덕분에 그와 같은 참사를 피할 수 있었던 것이다!

내 인생의 운전자, 하나님

예수님을 잘 믿으면 죽지 않고 산다는 것을 말하려는 것이 아니다. 하나님께 기도하는 사람은 불이 나는 곳에서도 다른 사람들은 죽을지언정 하나님께서 불길도 막아주신다는 것을 말하려는 것도 아니다.

중요한 것은 우리가 하나님의 인도하심 가운데 있다는 것이다. 우리는 한순간의 성공을 맛볼 수도 있고, 실패도 맛볼 수 있다. 그러나 그런 것들은 그렇게 중요한 것이 아니다.

우리 인생 전체를 하나님께서 선한 길로 인도하신다는 확실한 믿음만 있으면 우리는 어떤 실패도 견딜 수 있다. 그것이 인생의 실패가 아니기 때문이다. 하나님은 하나님께서 가장 사랑하시는, 자녀 된 우리를 제일 좋은 길로 인도해주시기 때문이다.

우리 인생의 항해에 있어서 가장 중요한 삶의 자세가 있다. 그것은 그 항해의 운전자가 누구냐 하는 것이다. 거친 풍랑을 헤쳐 나가는 것 같은 인생의 여정에는 많은 위험이 있게 마련이다. 거센 풍랑도 만날 것이고 폭풍우도 맞이할 것이다. 그럴 때 우리가 가져야 하는 자세는 오직 하나다. 배의 키를 전문가에게 맡기는 것이다.

● 항해란 선박을 해상의 한 장소에서 다른 장소까지 안전하게 이동시키는 기술을 말한다. '항해' 또는 '항해술'을 뜻하는 영어 'navigation'의 어원은 라틴어의 navigere로, navis '배'와 agere '인도하다'에서 유래되었다.

우리 인생이기 때문에 우리 자신이 인생의 운전을 제일 잘할 것 같지만 그렇지 않다. 배는 배를 만든 사람이 제일 잘 운전하듯 우리 인생의 배를 가장 잘 운전하시는 분은 바로 하나님이시다. 하나님께서 우리를 만드셨기 때문이다.

그러므로 그분에게 우리 인생의 항해를 맡기는 것은 목적지까지 안전하게 갈 수 있는 가장 중요한 삶의 자세다.

목적지까지 안전하게 가야 하는 우리 인생의 항해에서는 누가 배의 키를 잡느냐가 가장 중요하다.

"내가 뭘 할 수 있겠어…"
노력하라, 그리고 은혜를 구하라!

7 All-in

내가 올인 해야 할 것

All-in
노력하라, 그리고 은혜를 구하라!

경건에 이르는 것은 세상의 잘못된
방법과의 싸움을 말한다.
우리는 그 일에 온몸으로 싸워야 한다.
우리의 출발점과 세상 사람들의
출발점이 다를지라도,
그래서 경주에 불리할지라도
우리는 하나님의 방법을 붙잡아야 한다.
세상의 잘못된 방법은 망령되고
허탄한 것이기 때문이다.
우리는 하나님의 방법대로
살 것을 결단하고 'All-in'해야 한다.

생활의 달인

'달인'이라는 단어가 친숙하게 다가오는 요즘이다. 방송국마다 소위 '생활의 달인'들을 소개하는 프로그램이 많이 제작되어 사람들에게 소개되고 있다. 사실 내가 매우 좋아하는 프로그램이기도 하다. 그 이유는 대부분의 사람들이 귀하게 여기지 않는 일들이지만 자신만의 철학과 책임감을 가지고 정성을 다하는 성실한 모습을 통해 큰 감동을 받기 때문이다.

어떤 아주머니는 식당에서 깍두기를 담그기 위해 무를 써는 데만 십여 년을 투자하셨다. 그래서 이제는 눈을 감고도 일정한 크기로 무를 써는데, 실력이 그야말로 장난이 아니다. 또 어떤 사람은 조그만 나무 상자에 못을 박는데 그 속도가 정말 기가 막히다. 20여 년간 한 분야에 집중한 결과다.

● 많은 사람들에게 사랑받는 한 방송사의 프로그램 "생활의 달인." 보통사람들의 평범한 일의 소중함을 일깨워준다.

그런 의미에서 나는 KBS 2TV에서 방영했던 "개그콘서트"의 '달인' 코너를 참 좋아했다. 지금은 SBS 방송에서 방영하는 인기 프로인 "정글의 법칙"에서 촌장으로 유명한 김병만 씨는 사실 '달인'에서 정말 엄청난 달인의 기질을 보여주었다.

그는 2007년 12월에 첫 방송이 나간 이후 2011년 11월 '달인' 코너가 종료되기까지 4년간 끊임없이 노력하는 모습을 보여주었다. 그의 노력으로 '달인'은 "개그콘서트"의 최장수 코너가 되었다. 우리 곁에서 진짜 예능의 달인으로 성장해나가는 그 열정에

● TV 프로그램 "개그콘서트" 중 '달인' 코너의 개그맨 김병만. 2007년 12월 9일에 첫 방송이 나간 후 끊임없는 노력으로 시청자들의 뜨거운 호응을 얻었다. "개그콘서트" 코너 중 연기자가 바뀌지 않은 최장수 코너이다.

큰 박수를 보내고 싶다.

무슨 일이든 집중하는 모습과 노력하는 모습은 참 보기 좋다. 일의 귀천을 떠나서 자신의 일에 최선을 다하는 모습도 아름답다. 아니, 아름답다 못해 고귀해 보이기까지 한다.

개인적으로 여러 나라를 경험하면서 느낀 것은, 성숙한 사회일수록 그런 사람들이 대우를 받으며 산다는 것이다. 물론 우리 사회도 곧 그렇게 되리라 믿는다. 평범하지만 자신의 분야에서 묵묵히 최선을 다해 나가는 사람들, 남을 의식하지 않고 자신이 맡은 일의 발전을 위해 노력하는 사람들, 그런 사람들이 우리 사회에 필요하다.

세상은 매우 빠르게 변한다. 그리고 빠르게 변화하는 사회에서 살아남는다는 것은 그리 만만한 일이 아니다. 오늘날과 같은 경쟁의 시대에서 살아남아야 한다는 것은 언제나 부담이다.

그래서 인생의 여정이 녹록지 않게 느껴진다. 늘 긴장하고 남을 의식하며 열심히 뛰어야 살아남을 수 있기 때문이다. 그야말로 전심전력하지 않으면 살아남을 수 없다. 우리는 그런 시대에 살고 있다. 무엇을 하든지 All-in하지 않으면 이겨낼 수도 없고 견뎌낼 수도 없다.

짐 콜린스가 쓴 책 『좋은 기업을 넘어 위대한 기업으로』(Good to Great)는 2002년에 출판된 이래 기업의 CEO(최고경영자)나 일반 직장인들 사이에서 꼭 읽어야 하는 베스트셀러가 되었다.

사회는 좋은 기업으로 만족하지 않는다. 소비자도 경영자도 단

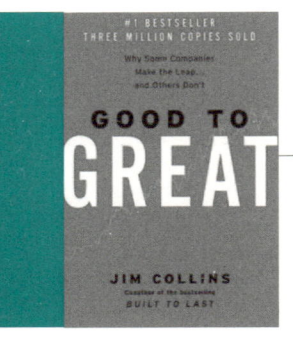

• 짐 콜린스의 책 『Good to Great』. 미국에서만 100만 부 이상 팔렸고 한국에서도 『좋은 기업을 넘어 위대한 기업으로』라는 제목으로 번역되어 베스트셀러가 되었다. 제품의 품질이나 생산성 혁신보다 사람을 중심으로 한 기업이념과 기업문화의 변화를 더 중요하게 제시한다.

지 좋은 기업이라는 것만으로는 살아남기 힘들다는 것을 알기 때문이다. 그래서 사회는 위대한 기업을 꿈꾸며 밤잠을 자지 않고 노력한다.

이 책의 핵심 내용은 사람이다. 사람이 변하지 않고는 회사나 사회를 이끌어 나갈 수 없다는 것이다. 변화되는 사회의 요구들을 읽고 기업이나 사회적 가치에 부합하는 사람들이 위대한 기업을 만들어 나갈 수 있다고 이야기한다. 이 책에 많은 관심이 집중되었다는 것은 그만큼 우리 사회가 변화하고 있다는 것을 말해준다.

세상을 바꾼 사람들

20세기가 끝나갈 무렵 세계의 유명 출판사나 언론사들은 앞다투어 지난 1,000년간 역사에 길이 남을 만한 큰 사건들과 위대한 인물들을 선정하는 일에 힘을 쏟았다. 그것은 지나간 1,000년을 마무리하면서 매우 의미 있는 작업이었다.

1995년 「워싱턴 포스트」지는 12월 31일자 신문에서 지난 1,000년 동안(11~20세기) 인류에 가장 큰 영향을 중 인물로 칭기즈칸을 선정했다. 그가 정복한 넓은 영토나 업적 때문이 아니라 칭기즈칸이 조직을 만들고 이끌어 나갔던 경영 방식이 현대에 미친 영향이 매우 크다는 이유였다.

칭기즈칸이 몽골제국을 세워 세상을 호령할 때, 그는 고작 20만

● 역사상 가장 넓은 영토를 다스렸던 칭기즈칸(1162년경~1227). 몽골의 자랑이다.

명의 기마군사로 당시 3억이었던 세계 인구를 다스렸다. 그리고 그를 따르는 1만 명의 친위대만으로 아시아 전역과 유럽의 일부까지 다스렸다.

그는 늘 자신의 친위대에게 이렇게 말했다. "결코 안주하지 말자!", "여기서 포기하지 말자!" 이와 같이 공동체 모두에게 미래에 대한 희망을 주는 것은 이제 그의 리더십의 특징이 되었다.

우리가 좋아하는 일본의 세계적인 게임기 회사 닌텐도(任天堂)는 1889년, 일본 쿄토(京都)의 뒷골목 어느 조그마한 집에서 설립되었다. 처음에는 화투를 만들어 팔던 회사였지만 그들은 늘 새로운 꿈을 꾸었다.

회사의 책임자는 언제나 사원들에게 다음과 같이 말했다. "결코 안주하지 말자!", "여기서 만족하지 말자!" 그리고 날마다 그러한 말을 들은 닌텐도의 모든 사원은 회사와 함께 꿈을 꾸고 그 꿈을 이루기 위하여 노력했다.

● 세계적인 게임기 회사 닌텐도가 화투를 만들어 팔던 회사라는 것을 아는 사람들은 많지 않다.

장 폴 고티에(1952~)는 현재 세계 최고의 패션디자이너이다. 마돈나의 콘 브라로 유명한 그는 소위 패션에 키치문화를 도입한 디자이너로 유명하다. 그 한 사람의 생각이 전 세계 모든 사람의 옷 문화를 바꿔 놓았다.

속옷을 겉으로 빼 입거나, 아예 속옷을 겉옷 위에 입는 젊은이들의 문화가 바로 그의 작품이다. 우스갯소리로 말하는 슈퍼맨 패션이 아무렇지도 않게 길거리를 활보하게 된 것이다. 한 사람의 철학이 전 세계인의 의식을 바꿔 놓은 대표적인 사례다.

그는 어린 시절 잦은 사고를 치며 개구쟁이로 자랐지만 할머니에게 메이크업과 헤어드레싱을 배우면서 자기만의 컬렉션을 끊

● 장 폴 고티에의 철학은 많은 사람들의 생각을 바꾸어 놓았다.

임없이 생각하며 청소년기를 보냈다.

그렇게 열심히 노력한 결과 18세라는 어린 나이에 피에르 가르뎅(Pierre Cardin)에게 발탁되어 그와 함께 본격적인 패션 디자인 일을 하게 된 그는 자신의 꿈을 위해 안주하지 않고 끊임없이 노력하는, 집중력이 대단한 사람이다.

이와 같이 우리는 한 사람의 영향력이 매우 큰 시대에 살고 있다. 굳이 마이크로소프트사를 창업한 빌 게이츠나 아이폰을 만든 스티브 잡스까지 언급하지 않더라도 어느 분야든 한 사람의 영향력이 커가는 시대이다.

따라서 매우 보잘것없어 보이는 분야라 할지라도 부단히 노력하고 단련하면 누구든지 그 분야에서 영향력을 미치는 사람이 될 수 있다. '생활의 달인'은 누구나 그런 위치에 설 수 있음을 보여 준다.

그렇게 자신의 분야에서 힘써 노력하는 모습은 매우 아름답다. 우리는 우리가 할 수 있는 일에 최선을 다해야 한다. 밤잠을 설쳐가며 노력해야 하고, 하고 싶은 일들을 절제해가며 쉼 없이 자신을 계발해야 한다.

'은혜'와 '노력'의 상관관계

우리가 살아가는 동안 맡은 일에 최선을 다하는 것은 세상의 분위기를 좇아가는 것이 아니다. 세상의 가치관으로 사는 것도 아니다. 우리가 맡은 일에 열심을 내는 것은 하나님께서도 원하시는 일이다.

> 이 모든 일에 전심전력하여 너의 성숙함을 모든 사람에게 나타나게 하라(딤전 4:15).

그러므로 우리는 우리가 맡은 일에 열심을 내야 한다. 공부를 해야 하는 학생이라면 공부에 최선을 다해야 하고, 기술을 배워야 하는 시기이면 기술을 배우고 키워나가는 일에 최선을 다해야 할 것이다.

운동을 하는 사람은 열심히 운동을 해야 하고, 직장에 다니는 사람들은 더욱 열정적으로 직장생활을 해야 한다. 그래서 우리가 걸어가는 분야에서 성숙해지는 것을 많은 사람들에게 보여주어야 한다.

그런데 문제가 하나 있다. 그렇다면 하나님을 의지하는 신앙과 세상적인 노력은 어떤 관계가 있는 것일까?

아무리 노력해도 하나님의 인도하심이 따로 있다면 노력은 아무 소용이 없는 것 아닐까? 반대로 노력으로 성공할 수 있다면 우리에게 신앙이 필요 없는 것 아닐까? 이것은 서로 상반되는 가치관 아닌가?

교회에서는 하나님께 기도하고 하나님을 의지하면 우리 인생이 다 잘될 것이라고 가르치는데 학교에 가면 공부를 열심히 하고 실력을 키우기 위해 노력해야 밝은 내일이 있다고 가르친다. 그러면 이 두 가르침 사이에서 우리는 어떻게 내일을 준비해야 하는 것일까?

이 문제를 풀 수 있는 얘기를 하나 하겠다. 내가 신학을 공부할 때의 일이다. 설교학 교수님으로부터 1년간 설교학을 배웠다. 그만큼 목사에게는 설교가 중요하기에 두 학기나 배워야 했던 것 같다.

당시 참 많은 내용을 공부했지만 솔직히 지금은 많이 잊어버렸고 교수님께서 1년 내내 강조하셨던 한마디만 내 머릿속에 남아 있다. 그 메시지가 너무 강렬해서 지금까지 기억되는 것 같다.

"설교를 준비할 때는 성령의 도우심이 없는 것 같이,
설교를 할 때는 준비된 원고가 없는 것 같이!"

참으로 깊은 의미가 있는 말이다. 옛날 종교개혁자 마틴 루터 (1483~1546)의 유명한 말 "우리가 빠지기 쉬운 두 가지 유혹이 있는데 하나는 기도하지 않고 일하는 것과, 또 하나는 일하지 않고 기도하는 것이다."를 패러디한 말이기는 하지만 나는 늘 설교를 해야 하는 입장인지라 현실적인 표현이 훨씬 더 마음에 와 닿았다.

설교할 때 성령의 도우심만을 의지하여 아무런 준비를 하지 않는다면 좋은 설교를 할 수 없을 것이고, 반대로 세상적인 준비만 열심히 하고 성령의 도우심을 무시해도 좋은 설교를 할 수 없다는 뜻이다. 즉, 한 편의 좋은 설교는 설교자의 피나는 노력과 성령의 도우심이 있을 때 가능해지는 것이다.

이 말은 설교에만 적용되는 것이 아니라 우리 인생의 모든 문제를 풀어주는 말이기도 하다. 살아가는 데 있어서 우리가 해야 할 부분과 하나님께서 해주시는 영역이 있음을 말해준다.

즉, 우리는 우리가 해야 할 일에 밤잠을 자지 않으면서 최선을 다해야 한다. 세상 사람들도 그렇게 노력하는데 우리가 게으르게 앉아 있으면 안 된다. 세상적인 노력과 준비를 할 때는 마치 하나님의 도우심이 없는 것처럼 최선을 다해 노력해야 한다. 우연이나 요행을 바라지 않고 나의 노력으로 내 인생을 개척해간다는 마음으로 최선을 다해야 하는 것이다.

그러나 우리는 세상 사람들과 다른 점이 있다. 그것은 우리의 모든 노력과 준비를 마친 후, 하나님의 도우심을 기다리는 것이다. 마치 우리가 노력한 것이 하나도 없는 것 같은 겸손한 모습으로 하나님의 도우심을 바라는 것, 내가 할 수 있는 일이 아무것도 없음을 고백하면서 하나님의 인도하심을 간절히 바라는 것이다. 그럴 때 하나님께서는 우리의 길을 열어주시고 그 길로 우리를 이끌어주실 것이다.

도대체 공부는 왜 해야 할까?

오래전 일이다. 내가 사역하던 교회에서 장학생을 선발하여 1박 2일로 수련회를 간 적이 있다. 고등학생과 대학생 그리고 대학원

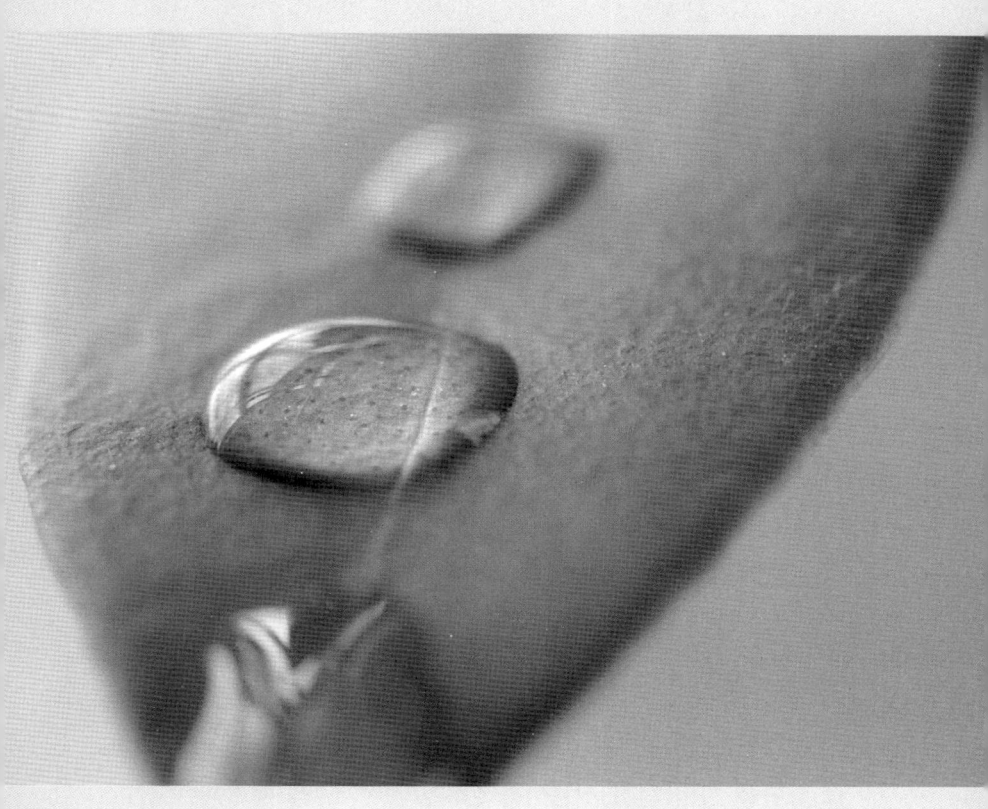

● 무슨 일이든 노력과 준비를 할 때는
마치 하나님의 도우심이 없는 것처럼,
준비를 마친 후에는 노력한 것이 하나도 없는 것처럼
하나님의 은혜를 구해야 한다.

생 약 20여 명이 참가했다. 수련회 기간 중 쉬는 시간에 모두 모여서 이런저런 얘기를 하고 있는데 그중 똘똘해 보이는 고등학생 하나가 모두를 향해 다소 맹랑한 질문을 던졌다.

그 내용은 성적이 좋아서 장학생으로 뽑히긴 했지만 도대체 공부를 왜 해야 하는지 모르겠다는 것이었다. 공부가 성공을 위한 것이라면 그것도 세상적인 가치관 아니냐는, 나름대로 신앙에 입각한 질문이었다.

공부를 많이 하면 귀한 사람으로 대접받고 공부를 못하면 천대받는 사회에서, 신분의 상승을 위한 공부나 좋은 직업을 갖기 위한 공부라면 그것은 잘못된 것 아니냐는 질문이었다. '공부를 하는 것도 경쟁이고 다른 사람을 누르고 올라서는 것인데 그것이 과연 예수 믿는 사람으로서 올바른 것인가?' 하는 질문이었다. 그리고 하나님이 우리의 인생을 계획해 놓으셨다면 굳이 공부할 필요가 있느냐는 것이었다.

나름 논리가 있었다. 공부도 못하는 아이가 질문했다면 공부하기 싫어서 그런 생각을 한다고 여겼겠지만, 똘똘한 아이가 신앙적 고민을 하며 던진 질문이라 이해할 만한 답을 얘기해주어야 했다.

나는 그때 이렇게 답했다. 공부 자체가 사람의 가치를 결정해주는 것이 아니라 직업을 선택할 수 있는 폭과 그 일을 할 수 있는 능력의 폭이 넓어지도록 하는 것이라고 말이다.

우리는 하나님께서 우리를 향해 어떤 계획을 세워 놓으셨는지 모르기 때문에 하나님께서 어떤 일을 시키시더라도 그 일을 잘 감당할 수 있도록 평소에 실력을 키워 놓아야 하는 것이라고 말해주었다.

하나님께서 우리를 위해 큰일을 계획하시고 그 일을 맡기시기 위해 모든 것을 준비해 놓으셨는데 우리의 노력과 능력이 미치지 못하여 그 일을 감당하지 못한다면 참으로 안타까운 일이 될 것이다.

하나님은 언제나 우리의 준비보다 조금 높은 것을 계획하시고 우리의 능력보다 조금 더 큰 것을 맡기신다. 그리고 그 일을 잘 할 수 있도록 곁에서 도와주신다. 그런데 하나님께서 그런 일을 맡기시려고 할 때 우리가 게을러서 준비를 하지 못했거나 능력이 크게 미치지 못한다면 안타까운 일 아닌가.

그래서 나는 옛날 설교학 교수님의 소중한 가르침을 삶의 모든 부분에 적용하며 나의 좌우명으로 삼고 있다.

"우리 인생의 계획과 준비에는 성령의 도우심이 없는 것 같이,
　우리 인생의 결정적 순간에는 준비된 실력과 능력이 없는 것 같이!"

손해 보며(?) 살기

하나님을 의지하고 사는 데는 많은 도전과 시험이 따른다. 때로는 주위 사람들로부터 받는 조롱도 이겨내야 하고, 때로는 오래 참으며 하나님의 일하심을 답답한 마음으로 기다려야 할 때도 있다. 계속되는 실패와 좌절 속에서 하나님의 침묵으로 인해 속상할 때도 있을 것이다.

그러나 제일 힘든 부분은 세상 사람들과 함께 경쟁함에 있어서 우리는 그 출발점이 다르다는 것이다. 세상 사람들이 쓰는 방법을 우리는 다 쓸 수 없기 때문이다. 불법과 위법이 난무하고 그것이 보편화되어도 우리는 하나님의 방법을 고집해야 한다.

경쟁에서 지는 것 같고 남들보다 늦는 것 같지만, 그래서 때로는 뒤처지는 것 같아 많이 불안하지만, 그 고비만 잘 넘기면 정말 상상할 수 없는 멋진 인생의 주인공이 될 수 있다.

● 영화 "글래디에이터"의 포스터. 코모두스는 막시무스를 이기기 위해 그에게 미리 상처를 입히고 비열하게 검투를 시작하지만 결국 비참하게 죽고 만다.

2000년에 개봉된 할리우드 영화 "글래디에이터"(Gladiator)가 떠오른다. 서기 180년 로마. 죽을 날이 머지않은 황제 마르쿠스 아우렐리우스는 여러 중요한 전쟁에서 로마에 승리를 안겨준 장군 막시무스(러셀 크로우)를 총애하여, 아들이 아닌 그에게 왕위를 넘겨주기로 마음먹는다.

그러나 황제의 아들 코모두스(호아킨 피닉스)는 이에 질투와 분노를 느껴 황제를 살해한다. 그리고 힘으로 왕좌를 이어받은 코모두스는 막시무스와 그의 가족을 죽이라고 명령한다.

결국 가족을 모두 잃고 혼자 겨우 살아남게 된 막시무스는 노예로 전락하여 투기장의 검투사로 매일 훈련을 받는 신세가 된다. 그러나 검투사로서 매 경기마다 승리를 이끌며 살아남은 막시무스의 명성과 인기는 날로 높아지고 그 소문이 로마에까지 전해진다.

이윽고 로마로 돌아온 막시무스는 아내와 아들을 죽인 코모두스에 대한 복수를 다짐한다. 어느새 민중의 영웅이 된 막시무스. 코모두스는 그가 아직 살아 있음을 알고 분노하지만 민중이 두려워 그를 죽이지 못한다.

대중적 인기가 있는 막시무스를 제거해야만 진정한 로마의 황제가 될 수 있음을 알고 있는 코모두스는 막시무스를 제거하기 위해 그와의 결투를 신청한다.

그리고 결투 전날, 그는 노예 신분인 막시무스가 잡혀 있던 검투장의 감옥으로 찾아가 묶여 있는 막시무스의 등을 칼로 찌른다. 아무도 모르게 그에게 부상을 입혀 다음 날 로마 시민 모두가 보는 앞에서 멋지게 그를 제압하려 했던 것이다. 황제가 되기 위해 아버지까지 죽인 코모두스로서는 충분히 할 만한 비겁한 행동이었다.

마침내 결투의 날, 막시무스는 상처로 인해 몹시 힘들고 위태로운 경기를 하지만 결국 코모두스를 쓰러뜨린다. 매우 감동적인 장면이 아닐 수 없다.

크리스천인 우리가 인생의 항해를 하는 것도 어쩌면 상처를 안고 결투를 하는 것과 같을 것이다. 우리는 하나님의 원칙대로 살아야 하기 때문이다. 편법을 쓸 수 없고 위법은 더더욱 안 된다. 그래서 때로는 손해를 보고 때로는 실패의 경험도 맛본다.

내가 고등학생이었을 때, 젊고 의욕적인 윤리 선생님이 새로 부임하셨다. 학생들과 말이 잘 통했고 학생들을 많이 이해해주신 그 선생님은 단번에 학교 최고의 인기 선생님이 되셨다.

그 선생님은 아이들을 위해 새로운 것들을 많이 시도하셨는데 한번은 시험을 치르면서 무감독제를 실시하셨다. 윤리시험 시간에 시험감독을 하지 않겠다는 것이었다. 선생님 생각에는 윤리

과목이기 때문에 학생들이 감독 없이도 시험을 정직하게 잘 치를 거라고 생각하셨던 것 같다.

그러나 시험 당일, 학생들은 일말의 양심도 없는 듯 무감독 시험을 비웃는 행동들을 했다. 책을 펴고 시험을 보는 학생들, 아예 모여서 의논하며 답을 쓰는 학생들, 다른 친구들의 답안지를 대신 써주는 학생들….

그런 분위기에서 나 혼자 정직하게 시험을 치르는 것은 참 어려웠다. 혼자 잘난 척하는 것 같아 힘들었고, 혼자만 성적이 좋지 않을 것 같아 괴로웠다.

그러나 견뎌야 했다. 남들이 다 부정행위를 한다고 똑같이 할 수는 없는 노릇이었다. 남들이 다 괜찮다고 해도 잘못된 일을 하면 안 된다. 물론 친구들에게 욕도 먹을 것이고 성적은 바닥으로 떨어지겠지만 그런 것을 무서워해서는 안 된다.

> 망령되고 허탄한 신화를 버리고 경건에 이르도록 네 자신을 연단하라(딤전 4:7).

경건에 이르는 것은 세상의 잘못된 방법과의 싸움을 말한다. 우리는 그 일에 온몸으로 싸워야 한다. 우리의 출발점과 세상 사람들의 출발점이 다를지라도, 그래서 경주에 불리할지라도 우리는 하나님의 방법을 붙잡아야 한다. 세상의 잘못된 방법은 망령

되고 허탄한 것이기 때문이다.

멋진 인생의 주인공이 되어라!

이제 이 책의 결론을 말해야 할 때인 것 같다. 하나님의 사람으로서 최선의 노력을 다하며 준비하고, 순간순간 인생의 중요한 고비마다 하나님을 더욱 의지하는 것은 성공적인 삶을 살아가는 데 있어서 매우 중요한 자세다.

하나님이 내 삶의 주인이 되시고 그분이 내 인생의 배에 올라타시어 인생의 바다를 항해하는 내 배를 운전해주신다면 우리의 항해는 분명 멋지게 성공할 수 있을 것이고 목적지가 어디이건 그곳까지 안전하게 도달하게 될 것이다. 정말 후회 없는 삶을 살게 될 것이다.

다니엘과 세 친구는 포로로 붙잡혀간 바벨론 나라에서 하나님의 방법으로만 살 것을 고집했다. 죽음의 위협도 느끼고, 마음만 먹으면 권세를 누리며 잘 살 수 있는 유혹도 받지만 그들은 바벨론 왕궁의 생활방식을 버리고 하나님의 생활방식을 선택했다.

그러나 죽을 것 같고 비참하게 낮아질 것 같았지만 하나님은 그들을 높이셨다. 하나님께서는 하나님의 방법을 고집하는 사람들을 그냥 놔두시지 않기 때문이다.

그러나 하나님께서 세상의 미련한 것들을 택하사 지혜 있는 자들을 부끄럽게 하려 하시고 세상의 약한 것들을 택하사 강한 것들을 부끄럽게 하려 하시며 하나님께서 세상의 천한 것들과 멸시받는 것들과 없는 것들을 택하사 있는 것들을 폐하려 하시나니 이는 아무 육체도 하나님 앞에서 자랑하지 못하게 하려 하심이라(고전 1:27-29).

우리가 그와 같은 불이익까지 감수하며 최선을 다해 우리 인생의 바다를 항해한다면 하나님께서는 반드시 우리를 축복해주실 것이다. 그냥 힘없이 싸움에 지도록 내버려두지 않으시고 결국 승리의 기쁨을 맛보도록 우리를 인도해주실 것이다. 그래서 우리는 하나님의 방법대로 살 것을 결단하고 'All-in'해야 하는 것이다.

할 수 있는 한 최선의 노력을 해야 한다.
기술과 실력을 쌓는 일, 내일을 준비하는 일에 'All-in'해야 한다.
그리고 결정적인 순간에는 하나님을 의지하는 데 'All-in'해야 한다.
그러면 분명 멋진 인생의 주인공이 될 것이다!

에필로그

내 자녀 같은 이 땅의 모든 젊은이에게

　오래전 어느 드링크제를 만드는 제약회사 사장님의 강연을 들은 적이 있다. 그 사장님은 자기네 냉장고에는 언제나 자기 회사에서 만드는 드링크제가 물통에 담겨져 있어서 아이들이 물 대신 드링크제를 마신다고 했다. 제품에 대한 자부심이 대단하다는 것을 느꼈는데 자녀들이 매일 마셔도 될 만큼 좋은 제품이라는 것을 강조한 것이다.
　그러나 우리 사회에는 꼭 그런 제품만 있는 것은 아니다. 내가 아는 어느 식품제조회사 연구원은 자사제품을 자기 자녀들에게는 절대 먹이지 않는다는 얘기를 내게 슬쩍 해주었다. 몸에 안 좋은 식품 첨가제를 많이 넣어 제품을 만들다 보니, 맛은 좋지만 자기 자녀들에게도 권하지 못할 만한 식품이 되었다는 것이다.

　자기의 자녀가 먹거나 마실 수 있는 제품을 만드는 것은 귀한 일이다. 그만큼 정성이 들어가고 좋은 재료만을 넣었기 때문일 것이다. 부모가 자녀를 위해 자신 있게 만든 제품을 먹고 자라는 아이들은 절대 건강이 나빠지지 않을 것이다. 엄마가 해주는 집밥이 아이들에게 제일 좋은 것도 바로 그런 이유이다.

　『너를 응원해』가 세상에 나온 지 벌써 7년이 지났다. 부족한 사람이 지금껏 목회를 하면서 몇 권의 책을 출판했지만 『너를 응원해』는 판매 부수와는 관계없이 제일 애착이 가는 책이다. 나의 사랑하는 두 아이를 위해 쓴 책이기 때문이다.

　솔로몬이 아들을 위해 쓴 성경의 잠언이나, 『세계사 편력』의 저자 자와할랄 네루가 외동딸 인디라 간디에게 세계 역사를 알려주려는 마음으로 쓴 3년간의 편지처럼, 그 깊이와 노력에는 비교될 수 없겠지만 마음만큼은 똑같은 아비의 심정으로 이 글을 썼다.

　우리 아이들이 인생을 살아가는 데 있어서 시행착오를 줄이고 일찍부터 행복한 삶을 살기를 바라는 마음으로, 진정한 삶의 원리를 알려주고 싶어 정리한 글이다. 내가 살아온 길을 되돌아보고 우리 이이들도 그렇게 살아가기를 바라는 마음으로 한 챕터 한 챕터를 썼다.

7년 전 이 글을 처음 썼을 때 우리 집 두 딸은 대학교 1학년, 그리고 중학생이었다. 이제 그들이 잘 커줘서 큰 아이는 아프리카 현지 봉사를 거쳐 대학원에 진학해서 아프리카 개발을 위해 계속 공부하고 있고, 새벽 2시까지 그림을 그리며 행복해했던 중학생 작은 아이는 대학에서 자기가 그렇게 공부하고 싶어 했던 그래픽 디자인과를 선택해 새벽 4시까지 그림을 그리면서 살고 있다.

물론 우리 아이들의 인생을 현재의 시점에서 평가할 수는 없을 것이다. 앞으로 아이들이 살아가야 할 인생에 어떤 일들이 펼쳐질지 모르기 때문이다. 그러나 하나 확실한 것은 지금껏 나 우리 아이들이나 그렇게 크게 불안해하며 살아오지 않았다는 것이다. 걱정이나 고민거리가 없었기 때문이 아니다. 여러 가지 크고 작은 어려움이 남들과 같이 우리에게도 똑같이 있었지만 그것이 그렇게 큰 문제가 되지는 않았다.

어떤 카오스와 같은 상황이 펼쳐지더라도 코스모스로 인도하시는 하나님이 반드시 좋은 길로 이끌어주실 것을 우리 가족 모두는 믿어 의심치 않았기 때문이다. 나를 선하게 인도하셨던 하나님의 손길이 우리 두 딸도 그렇게 인도해 주실 것을 알고 있기 때문이다.

7년 전 나온 이 책의 몇몇 곳을 수정하고 보완하여 다시 출판하게 되었다. 새롭게 단장한 이 책을 통해 1318 청소년들과 이제 막 사회에 첫발을 내딛는 젊은 친구들에게 조금 더 나은 정보와 권면을 주고 싶어서이다.

내 자녀 같은 이 땅의 모든 젊은이들을 위해 쓴 글이다. 그러니 냉장고에 넣어두고 언제나 마실 수 있는 그런 시원한 음료와 같은 책이 되면 참 좋겠다. 이 작은 책이 젊은이들의 행복한 삶을 향한 여정에서, 구태여 많이 돌아가지 않고 지름길로 바로 갈 수 있도록 돕는 좋은 길잡이가 되면 좋겠다.

이 책에 새 옷을 입혀준 생명의말씀사 모든 분들께 깊이 감사 드리며…

덕소 한강변에서
오대식 목사

사명선언문

너희가 흠이 없고 순전하여……세상에서 그들 가운데 빛들로
나타내며 생명의 말씀을 밝혀 _ 빌 2:15-16

1. 생명을 담겠습니다
만드는 책에 주님 주신 생명을 담겠습니다.
그 책으로 복음을 선포하겠습니다.

2. 말씀을 밝히겠습니다
생명의 근본은 말씀입니다.
말씀을 밝혀 성도와 교회의 성장을 돕겠습니다.

3. 빛이 되겠습니다
시대와 영혼의 어두움을 밝혀 주님 앞으로 이끄는
빛이 되는 책을 만들겠습니다.

4. 순전히 행하겠습니다
책을 만들고 전하는 일과 경영하는 일에 부끄러움이 없는
정직함으로 행하겠습니다.

5. 끝까지 전파하겠습니다
모든 사람에게, 땅 끝까지, 주님 오시는 그날까지
복음을 전하는 사명을 다하겠습니다.

서점 안내

광화문점 서울시 종로구 새문안로 69 구세군회관 1층
02)737-2288 / 02)737-4623(F)

강남점 서울시 서초구 신반포로 177 반포쇼핑타운 3동 2층
02)595-1211 / 02)595-3549(F)

구로점 서울시 동작구 시흥대로 602, 3층 302호
02)858-8744 / 02)838-0653(F)

노원점 서울시 노원구 동일로 1366 삼봉빌딩 지하 1층
02)938-7979 / 02)3391-6169(F)

일산점 경기도 고양시 일산서구 중앙로 1391 레이크타운 지하 1층
031)916-8787 / 031)916-8788(F)

의정부점 경기도 의정부시 청사로47번길 12 성산타워 3층
031)845-0600 / 031)852-6930(F)

인터넷서점 www.lifebook.co.kr